好きな場所へ自由に行きたい

岡本敬子

光文社

PROLOGUE

はじめに

旅に一緒に行く主人や友人たちから
荷物が少ないのに毎日違うスタイルしてるよねと
言われたことがあります。よほど旅支度がうまいんだねと。

でも、正直言うと、旅の荷物を造るのはかなり苦手です。

先のことを予想して日々のワードローブを決めていかなくてはいけませんよね？
毎日のお天気と気分によって当日にコーディネイトを決めている自分にとって、
これはけっこう難しい作業なのです。

まず最初にドサッと着たいもの、持って行きたいものをクローゼットから取り出して、
洋服の山を前にして、旅先のお天気を確認しながら選んでいきます。
時にはパンイチになって試着してみたり……。

旅支度の仕方は、人それぞれです。
コンパクトにまとめていきたい人。
普段のものをすべてを持っていきたい人。
そこにマニュアルなどありません。

頻繁に旅に出ている割には、
未だに旅支度がスマートに出来ていないのですが、パッキングだけは上達しているようです。

実際に旅に持参した記憶を辿りながら、荷造りを再現したり、
旅先で私が肌で感じたこと、もの、心に残っている旅の風景など、
そんな記録をみなさんに楽しんでいただけたら、とても光栄です。

vinum
ブドウ園

Index

目次

Chapter 3

Chapter

1

KEIKO'S TRAVEL RECORDS

岡本敬子の旅記録

結婚を機に始まった旅人生。旅といっても、旅先と日常の暮らし、
私はどちらも特に気持ちに変わりはないんです。
旅に出る気持ちと、近所を散歩する気持ちはほとんど同じ。
どこかに小さな楽しみを見つけては喜んでいる気がします。
新しい場所は楽しいですが、一度行ったことがある場所に何度も
通うことのほうが好き。また行くと、新しい景色や表情が見えたり
して。そうして愛着ある場所が、近くにも遠くにも少しずつ増えて
いくといいなぁと思っています。

AREA 01

鎌倉 KAMAKURA

日帰り

かつて9年ほど住んでいた街は、地図を持たず歩けて、裏道だって分かる。

お店、風景、道はどんどん変わってきてはいるけれど、いつ足を運んでもすっと気持ちが馴染みます。鎌倉のいいところは、海と山どちらもあるということ。

愛する海はもちろん、緑の中を歩くこともできる。季節の移ろいを感じられる鎌倉は季節ごとに足を運びたい場所。何よりも、住んでいた頃から仲良くしている友人のお店に顔を出して、他愛もない話をする時間がとても大切です。

光溢れる室内には、サイズ違いのバックパックがぶら下がる。

山と道研究所

いざ旅へ！　と準備を始める時、まずバックパックを選びます。宿泊数に合わせてサイズを選び、あとは気分と直感。いつの間にか20個くらいに増えたバックパックの中で、〈山と道〉の出番はとても多い。このバックパックに出合ったのは3年前のこと。北海道東川町の友人の店〈ソルト〉に足を運んだ時、たまたま〈山と道〉のポップアップが開催されていました。なんとも言えぬ絶妙なブラウンに惹かれて即購入。その後、なかなか買えない人気のブランドだといろいろな人から聞いて、そんなにも人気があったとは…と驚きました。どうやら、たまたま出会えた私は幸運だったみたい。

鎌倉に住んでいた頃には〈山と道〉のお店はもちろんまだなかったので、今回は初訪問。美しいブルーのドアを開けると、光溢れる空間の中に様々なサイズのバックパックが吊るされていて、とても気持ちいい。そして、奥様が美人（笑）！　朝から買う気満点だったので、早速デザイナーの夏目さんご夫妻にお話を伺いながらバックパックをたくさん試着しました。その結果、持っている「THREE」の違う色に即決。コヨーテブラウンの方は、主人に譲ってあげるということにします（笑）。〈山と道〉のバックパックは、使い心地はもちろんのこと、色のセンスが素晴らしい。なんとも言えない絶妙なカラーは、どんな服にもしっくりと馴染みます。疲れない旅！　が私の鉄則なので、サイズ感や持ち方などをお聞きして更に馴染んだこのバックパックに助けてもらおう。

他のサイズやカラー、どれも揃えたくなってしまいます

青いドアが目印。創設者である夏目彰さん、由美子さんご夫婦。

—— 好きな展示を見て、
外に出ると海と空が目の前に広がる。
鎌倉や葉山は晴れの日を狙って訪れたい場所

神奈川県立近代美術館 葉山

鎌倉に住んでいた時からよく足を運んでいた神奈川県立近代美術館。夏といえば日焼け！　という主義の私はせっせと海に通っていたので、まだ葉山館ができる前からこのあたりにはよく訪れていました。美術館脇の海へと続く小道がまた好きで、近くのバス停までのバス内でビーチサンダルに履き替え、ビーチサンダルでこの小道を通って海へ。

東京に引っ越してからも、興味のある展示が多いのでたまにここまで足を運びます。だいたい1シーズンに1度くらいのペースでしょうか。自然が多い分、季節を感じられるのでシーズンごとに足を運びたい。スコンと抜けた景色が気持ちよく、気分転換にピッタリの場所。鎌倉葉山まで足を延ばすことを決めるのは、だいたい前日。天気を見て、予定をチェックして、「明日久しぶりに行こうか！」と気軽に決めます。住んでいたこともあり、そんなに遠い場所だという気がせず、ご近所感覚なのだと思います。

鎌倉に足を延ばした時に必ず立ち寄る場所の一つが「LONG TRACK FOODS」。現在の鎌倉市の農協連即売所内に移動する前から通っていて、オーナーとは文化服装学院からのお付き合い。ということは、もう30年以上のお付き合いということ！　月日が流れるのはあっという間…。私は、ピクルス、パイナップルケーキ、スモークチーズ、蜂蜜、ディップなどを必ず買っています。この撮影日はいい天気でとても暑かったので、「イグル氷菓」のアイスキャンディを買ってお店の前で食べました。外で溶けるのを慌てて食べるアイスは、どうして特別美味しいんだろう。（パイナップルケーキとアイスキャンディは夏場のみ）

この先には海が広がっている。海へのわくわくする気持ちを高めてくれる道。

DAILY by LONG TRACK FOODS

必ず買うピクルスはこの日ももちろん購入。定番に加え、気になるものはどんどん試します。

ずっと通い続けているお店は、いつ行っても飽きることなく喜ばせてくれる。

住んでいた頃に比べてお店や道はだいぶ変わりましたが、9年くらい住んでいたので地図なしでも歩くことができる鎌倉。まだ裏道だって覚えてます。古道具屋さんに立ち寄ったり、思うままに散歩しながら〈コマチーナ〉へ。ここも移転前から通っていて、鎌倉に来たら、ランチかディナーは必ずここ。美味しいイタリアンが食べたいなぁと思い立ち、ここを目指して鎌倉に行こうと決めることもあるくらい。ソムリエの春日くんが選んでくれるワインは本当に美味しい。ちょっと希望を伝えただけで、きちんとその時の好みや気分に合ったワインを出してくれて、これがプロの仕事だなぁと感心してしまいます。ランチに行くことが多く、明るいうちから美味しいワインを飲んでのんびり過ごします。たまにディナーの時は、帰り道を気にせずにワインを飲み、大船駅でビジネスホテルに泊まることも。そういう時は、翌日のランチでももう一度〈コマチーナ〉へ(笑)。

Osteria Comacina

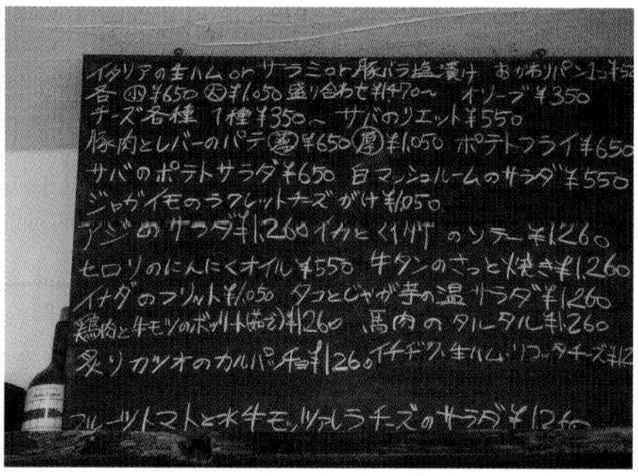

シンプルな料理はどれを選んでも大満足。昼と夜、同じメニューが食べられるのも嬉しいポイントです。

いつもワインはソムリエの春日くんにお任せ。安心して任せられる人がいるお店は通ってしまいます。

26年のお付き合いとなる堀内くんとは今でも情報交換を。いつ会ってもほっとする人です。

── この人が淹れてくれたり、
選んでくれるものは絶対に美味しい。
そう心から信じられる人がいるお店に通う

café vivement dimanche

鎌倉といったら欠かせないのが〈カフェ・ヴィヴモン・ディモンシュ〉。堀内くんとのお付き合いはもはや何年になるんだろう!?　いつ会っても久しぶりという感じはしなくて、お店はもちろん、彼の生き様が大好き。堀内くんは“武将”なんです。ずっと長年彼やお店を見てきましたが、やると決めたら必ずやる、有言実行の人。軸がブレることなく、自分がこうだと思う道をしっかりと歩いていく人。奥さまの千佳さんがまたチャーミングな面白い人で、大好きな夫婦です。お店には店主の人柄がそのまま表れると思うのですが、武将な彼そのままのお店はずっとブレることなく変わらない。いつ来てもほっとできるお店です。

武将である堀内くんが珈琲を淹れているときは、空気が少し変わる。それを眺めるのも好きです。

TRAVEL FASHION

旅のファッション

夏仕様のワンピースに秋小物を足す
バランス感が季節の変わり目には最適

シンプルなワンピースなので、小物でアクセントをつけるようにしています。綺麗な色のスカーフや素材感あるバッグ。日によってはまだ少し暑さの残る時期には、暑苦しくない程度に肌見せを。朝と夜の気温差が激しいので、ストールやポンチョなど体温調節できるアイテムは欠かせません。秋口は洋服はまだ涼しいものを選び、秋を感じられるような小物を足すのがベストです。

◂ **ワンピース**：TOWAVASE
ストール：COOVA
バッグ：TEMBEA
サングラス：NATIVE SONS
スニーカー：NIKE

軽くてコンパクトなダウンポンチョは小さくまとまるパッカブルタイプ。バッグに入れておけば、夕方に肌寒くなってきたらさっと羽織れます。ダウンでもシックな色合いなのでどんな服にも馴染みます。

▸
ダウンポンチョ：P.H Designs

Close up

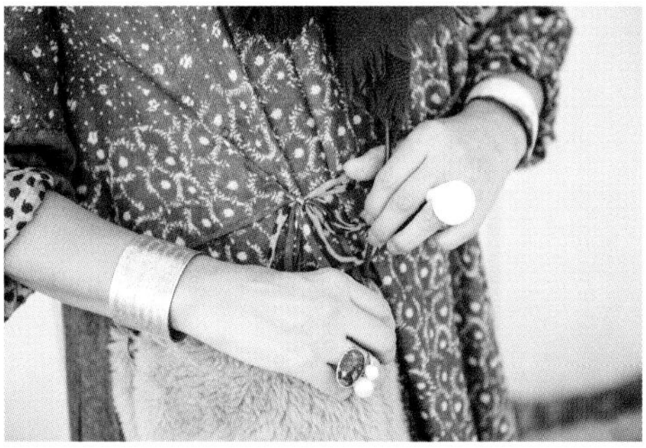

◂ サブバッグ：GRANITE GEAR
▾ キャミソール：SkinAware

葉山鎌倉では、〈LONG TRACK FOODS〉などで、必ず何か買い物をするので、小さいバッグの中にサブバッグを入れておきます。シンプルなスタイリングのアクセントとなるGRANITE GEARのサブバッグは、美しい発色。ワンピースの背中がぐっとあいているので、デザインにひとひねりあるSkinAwareのキャミソールを見せて。

SHOP LIST

山と道研究所
神奈川県鎌倉市材木座1-13-16
㊔12:00–18:00
現在は日曜日のみの来店日予約制
☎0467-25-6343
www.yamatomichi.com

神奈川県立近代美術館 葉山
神奈川県三浦郡葉山町一色2208-1
㊔9:30–17:00（入場は16:30まで）
㊡月曜日（祝日および振替休日の場合は開館）/ 展示替期間（レストランと駐車場は月曜除き営業）/ 年末年始（12/29–1/3）
☎046-875-2800
www.moma.pref.kanagawa.jp

café vivement dimanche
神奈川県鎌倉市小町2-1-5
㊔当面の間 11:00–18:00
㊡水・木
☎0467-23-9952
dimanche.shop-pro.jp

Osteria Comacina
神奈川県鎌倉市小町2-6-12
KUSUNOKI443 1F
㊔11:30–14:00 / 18:00–20:00（L.O）
㊡火曜日
☎0467-23-2312
osteriacomacina.seesaa.net

DAILY by LONG TRACK FOODS
神奈川県鎌倉市小町1-13-10
鎌倉市農協連即売所内
㊔10:00–17:00
㊡月曜日
longtrackfoods.com

AREA 02

鹿児島　KAGOSHIMA

1泊2日

2008年くらいから通い出した鹿児島。東京生まれ東京育ちとしてはすごく遠い地と感じていたのですが、いざ腰を上げてみると、あれ？　意外と遠くないかも？　と気付きました。
それが、国内旅行に頻繁に行くようになったキッカケかもしれません。人がおおらかで優しく、街から桜島が見える壮大な風景、妙に心に響く鹿児島弁など、最初の印象がとても良く、それ以来、年に2、3回は足を運ぶ“第二の故郷”に。

桐原家両棒餅店

ぢゃんぼ餅を食べる勢いが止まらず、思わず笑顔がこぼれる。

一見多く見えるけれど、あっという間に食べ終わってしまう（現在は10個入り500円）。

友人に連れて行ってもらったぢゃんぼ餅。朝からそんなに食べられないよ〜なんて言いながら、完食してしまうのは毎度のこと。みたらし団子より柔らかくてとても優しい味わい。鹿児島の人は、それぞれお気に入りのぢゃんぼ餅屋さんがあるらしいのですが、友人はここが一番好きとのこと。目の前には海が広がり、こざっぱりとした開放感ある畳の部屋がこれまた落ち着き、「ここ最高じゃない！」とすっかり気に入ってしまいました。のんびりとした時の流れ、壮大な桜島の風景。私が感じる鹿児島の魅力がぎゅっと凝縮された場所。

―― ちゃんぼ餅を頬張りながら、
遠くに見えるのは桜島。畳で寛ぎながら
眺めているとイルカの群れを発見

チンジュカンポタリー喫茶室

どの土地に旅をしても、大切にしているのはお茶の時間。旅だからといって、予定を詰め込み忙しなく過ごすということはせず、旅先でも日常とあまり変わらずのんびり過ごすのでお茶の時間は大切。〈チンジュカンポタリー喫茶室〉は中心街から少し歩きますが、ゆっくりお茶して過ごしたいと思う場所。紅茶もデザートもチンジュカンの器で食べることで美味しさが倍増します。自宅でコンポート皿を使っていますが、盛り付けの参考にもなります。

お茶とは別に、旅先での買い物も、また旅の楽しみのひとつ。〈OWL〉は夫婦ともども必ず何か買ってしまうお店。夫はここでワードローブを揃えることが多いです。旅に便利なアイテムからファッション、家庭用品、何でもあり、心くすぐられるものに出会えます。愛用のバックパック用の圧縮袋もここで買ったもの。あれなしではもう旅に行けない！　というくらいに大活躍中。背が高く穏やかな〈OWL〉のご夫婦と話す時間もまた楽しみ。

すっかり友人も増え、第二の故郷のような鹿児島ですが、通う理由の中に、私のブランド「KO」の打ち合わせがあります。〈リュトモス〉の飯伏さんは本当に丁寧な仕事をする職人さん。ここのお財布も愛用しています。彼をとても信頼しているので、ディスカッションしながらものづくりを進めています。自分の頭の中を伝えるとよりよい形で実現してくれるので、彼がいなかったら出来なかったことも多いだろうなぁ。こうして鹿児島にどんどんご縁が広がっていっているのでした。

展示スペースである1階では、不定期で企画展が行われているそう。

OWL

プライベートも親交のある〈OWL〉オーナー馬場夫婦。

RHYTHMOS

飯伏さんと〈KO〉バッグの打ち合わせは阿吽の呼吸。

美しい手仕事の〈RHYTHMOS〉のお財布は根強い人気。

ヒカルヤ

私たち夫婦は早起きなので、朝から散歩に出かけることが日課。旅先でも同じように過ごしたいので、モーニングができる好きなお店を見つけることがとても重要だったりします。朝食から旅が始まるという感覚があるんです。早朝から開いていると友人から教えてもらい、早速〈ヒカルヤ〉へ。川沿いにあるのでお店に向かう道中もとても気持ちがよく、散歩にピッタリ。サラダを添えてサーブされるキッシュが美味しいので、鹿児島モーニングの定番に。

そして、旅の食に欠かせないのが美味しいワイン。どの地に行っても自然派ワインが美味しいお店は見つけていて、〈名山堀 梅屋〉はおでん×オリーブオイルにナチュールワインと日本酒という他にはない組み合わせが絶妙。おでんが好きなので、各地に行きつけのお店がありますが、オリーブオイルで食べるというのは初めて。しみじみと染み入る出汁を飲み干すと、鹿児島に来たー！　と感じます。

愛らしい黒板は店主川野さんの手描きのメニューや説明。

朝食の定番キッシュは、ボリュームあるサラダとセット。

名山堀 梅屋

カウンターでおでん、オリーブオイルとワインを満喫。

おでんのイメージを覆されるアボカドは必ずオーダー。

MATHERuBA café

仲良しの友人が連れてきてくれた〈MATHERuBA café〉は手つかずの自然をいかした庭が美しく、鹿児島を一望できる景色が気持ちいい。大きな窓から緑を眺めながらカフェでひと息。庭を挟んでライフスタイルショップもあり、そこでは鹿児島の作家さんを知ることができます。こんな所があるなんて！旅先の友人たちがいろいろな場所に連れて行ってくれて、好きな場所が増えていくのが嬉しい。

カフェからライフスタイルショップへと続く緑溢れる中庭。

── 目が喜ぶ気持ちのいい景色。
美味しい食事や、友人と話し笑い合うこと。
仕事の話もたまには少々（笑）！
そんなふうにして、暮らすように過ごせる鹿児島は
第二の故郷として大切な場所に

「気持ちいい景色」。窓の外には溢れる緑が広がり、遠くには桜島が望める。

── おしゃれなお店から地元感溢れるお店まで
自分なりの嗅覚でお店を探す楽しみ。
今日はあそこにおでんを食べに行こう

TRAVEL FASHION　旅のファッション

オールブラックやオールホワイトではなく小物や色でリズムをつけて着崩す

ロングジレのようなリネンワンピースにピンクのシルクパンツをスタイリングして、縦長シルエットに。スリットからちらっとピンクがのぞく、このパキッとした色の組み合わせが私らしい。秋冬に比べて、夏にこそ黒を着たくなりがちですが、オールブラックにはせず、どこかにカラーをポイントとして取り入れたスタイリングに。

▼ **ワンピース**：Le pivot
パンツ：ARTS & SCIENCE
帽子：サンタフェで購入
サングラス：NATIVE SONS
バッグ：GRANITE GEAR
サンダル：DANSKO

▲ **ワンピース**：5W
パンツ：iroiro
帽子：サンタフェで購入
サングラス：NATIVE SONS
靴：CAMPER

白のシャツワンピースはナチュラルになりがちなので、黒パンツや色小物などでスタイリングにリズムをつけます。白ワンピース1枚で全身白という着こなしはあまりなく、どこかにエッジをつけたくなってしまうんです（笑）。

Close up

ワードローブに限りがある旅こそ、小物でアレンジをしたい。小さくたためてシワが気にならない布小物やバッグ、アクセントとなるジュエリーを必ず多めに持っていきます。夏は扇子も必須。暑い時期でもストールとサブバッグは必ずバッグイン。

◀ **ボーダーバッグ**：matta NY
黒メッシュポーチ：TEMBEA
扇子：Bon Bon Store
ストール：BLOCK SHOP

SHOP LIST

桐原家両棒餅店

鹿児島県鹿児島市吉野町9679
㊔10:30-17:00
㊡木曜日
☎ 099-247-1207

チンジュカンポタリー喫茶室

鹿児島県鹿児島市城山町7-2
鹿児島県歴史美術センター 黎明館内
㊔11:00-18:00
（喫茶室17:00L.O、17:30 CLOSE）
㊡施設に準ずる
☎ 099-295-3588
chinjukanpottery.com

OWL

鹿児島県鹿児島市東千石町14-16
矢上ビル 1F-2F
㊔11:00-19:00
㊡無休
☎ 099-222-0357

RHYTHMOS

鹿児島県鹿児島市照国町18-7
㊔12:00-18:00
㊡火曜日・第3月曜日
☎ 099-213-9012
rhythmos.co.jp

ヒカルヤ

鹿児島県鹿児島市加治屋町5-12-102
㊔7:00-17:00（日曜は12:00まで）
㊡月曜日
☎ 099-223-8104

名山堀 梅屋

鹿児島県鹿児島市名山町6-13
㊔18:00-24:00
（日曜のみ14:00-21:00）
㊡火曜日
☎ 099-239-7077
kagoshima-umeya.com/meizanbori/

MATHERuBA café

鹿児島県鹿児島市春山町1509-10
㊔11:00-18:00
㊡火曜日
☎ 070-1543-7018
matheruba.com

AREA 03

東京 TOKYO

日帰り

東京生まれ東京育ちだからこそ、近所やよく行くエリアが決まってきて、いつも狭い範囲で過ごしていた気がします。そんなふうに行動範囲って誰もが自然と決まっていると思うので、まずは自分のテリトリーから出てみる。知らない駅で降りてみる。それだけでも、充分ショートトリップに。溢れるレストランの中から、様々な国のごはんを選ぶこともできて、それだって気分は立派な旅。変わりゆく東京に嫌気がさす時も多々ありますが、旅から帰ってくるとやっぱりホッとして好きだと思う。その繰り返し。

—— まだまだ初めて見る東京の顔が
たくさん。知らない駅で降りる
だけで旅のはじまり

フルーツサンドやだし巻き卵サンドなど、どれもこだわり抜かれたサンドイッチ。

KOKO

旅に行く時、立ち寄ることが多いのが〈KOKO〉。私たちの旅の入り口。通るたびに「ここは絶対間違いがないだろう」と、気になっていて、ある日入ってみたら美味しくて驚いたんです。私のブランドの名前がKOですし更に親近感（笑）。手作りで手間がかかっているのに、値段はお手ごろ。それに、すごく早朝から開いているので、東京駅に行く前に立ち寄ってここで朝ごはんを食べるのが定番に。いつか夜の〈KOKO〉も体験してみたいなぁ。

サンドイッチのジャムから手作りをしているなんて!!

高架下にあるこの佇まいに惹かれました。レトロな雰囲気もまたいい。

美しい温室内には、生き生きとした植物たちが並ぶ。

東京大学大学院理学系研究科附属植物園（小石川植物園）

〈KOKO〉の朝ごはんで毎回旅が始まるように、気にいると何度も通うのが好き。旅先では美術館と同じく植物園にも立ち寄り、たとえば札幌では〈北海道大学植物園〉に必ず足を運びます。植物園が好きなんです。この〈小石川植物園〉も一歩足を踏み入れると東京ではなく、一瞬で遠くまで来た気分に。きちんと手入れされながらも、作り込んだ感じはなく、極力植物たちの好きにさせてあげているという、愛を感じる場所。

同行者全員でときめき、スマホで写真を撮った花。

―― 植物園や美術館は一瞬で
日常から切り離された世界へ
連れて行ってくれる

ソーニヤ

ウィリアム・モリスの美しい壁紙は女性の心を掴みます。

ロシアのお家で出してもらったような温かみあるボルシチ。

〈小石川植物園〉をたっぷりお散歩して少し冷えた後は、すぐ近くにある〈ソーニヤ〉へ。ロシア料理のお店で、店内がとても可愛くマダムが素敵。しみじみと染み入るボルシチと熱々のピロシキがとても美味しくて、置いてあるマトリョーシカなどについて、マダムにお話をお聞きしてまた楽しい。ロシアの美味しいお料理を頂きながら、ロシアのカルチャーと歴史も感じられました。壁紙などなんだかとても可愛らしいのに、どこか色気のあるお店。

〈ソーニヤ〉のように、店内に足を踏み入れただけで異国を感じられるお店は東京にいくつもあり、その中の代表的なお店が〈Ta-im〉。パリやニューヨークにはイスラエル料理店がありますが、日本だと珍しい。素材の味をいかしてあり身体に重くないので、日本人には合うと思います。フムスがとても美味しかった！シンプルで温かみのある店内には、外国の方が多く賑やか。店主のダンさんの笑顔もまた良いんです。

Ta-im

ハッピーな雰囲気のダンさん。店主のいい雰囲気って大事。

Ta-imスペシャルプレート¥1,980。
身体が喜ぶ一皿。

新大久保

異国を感じられる場所の最高峰と言えば、やはり新大久保！　街もお店もだいぶ様変わりしてしまいましたが、それでもやっぱり異国感はまだ残っています。人が多いので歩き回るということはあまりせず、決まった好きなお店で、ごはんを食べつつ食材や調味料も買い込みます。見たことがない調味料やハーブなどが所狭しと置かれたスーパーは、海外旅行さながら。何でも売っている雑多な感じもまた良くて、わくわくします。新大久保でよく行くのは〈ベトナムちゃん〉。1品ごとのボリュームがすごい！　そして野菜がふんだんに使われているので、意外と完食してしまうんです。何品かをシェアして食べたいので、ここには夫婦ではなく友人数人と行くことがほとんど。店内もガヤガヤと活気があって、女友達たちと喋りながら美味しいベトナム料理を囲むととても元気が出ます。数人で行くなら、鍋がおすすめ！

スーパーが立ち並ぶこのエリアを歩くだけで旅気分に。

ベトナムちゃん

3品頼んだだけでこのボリューム！
野菜たっぷり。

一人で食べるのは初めて。ここは大勢でわいわい食べたい！

―― 旅先で買っていたお菓子や調味料を
偶然発見すると嬉しくて、タイに想いを
馳せながら店内を歩く楽しさ

STREET
STREET FOOD

TRAVEL FASHION　旅のファッション

暖かさを重視して薄地の服を重ね
小物も駆使してとことん防寒を極める

とにかく暖かく!! というのがポイント。薄地の服をレイヤードして、最後にスヌードをストール代わりにぐるっと巻いて仕上げ。色のトーンを揃えることで、まとまりがつきます。ジュエリーは季節は全く気にせず、いつでも好きなものを選ぶのでターコイズのピアスを。帽子をかぶると暖かさが更に増すので、寒い時期には欠かせません。

►
ジャケット：susuri
パンツ：COGTHEBIGSMOKE
スヌード：moi
帽子：Mühlbauer
ピアス：井上宝飾店
サングラス：LUNETTES KOLLEKTION

スヌードはストールやマフラーよりもぐっと防寒性が増し、スタイリングが崩れないので、秋冬のマストアイテム。柄が入ったスヌードを主役に、全身カラートーンは揃えながらもシンプルに統一。耳元のターコイズは小さいながらも、美しい発色で存在感を放ち、抜け感に繋がります。

Close up

ジュエリーに季節は関係なく、その時の気分に合うものを選んでいるだけ。バングルは年中ボリュームのあるものをつけているので、手首がちらりとのぞくデザインのグローブとグッドバランス。もっと寒くなってきたら、すべて隠せるロンググローブの登場です。靴下はあまり考えず好きな色を選びます。足元でカラーを取り入れやすいのでおすすめ。

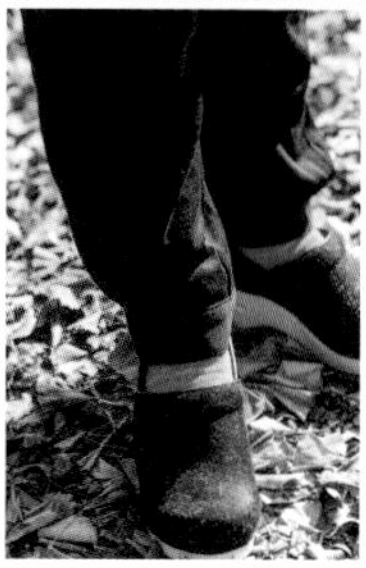

▸
グローブ：イタリア製
靴：DANSKO
靴下：himukashi

SHOP LIST

KOKO
東京都千代田区丸の内1-10-5
営 6:30–19:00（平日）
　6:30–16:00（土日祝）
休 無休（2020年9月現在は日曜休）
☎ 03-3211-3015

ソーニヤ
東京都文京区5-31-6 文京パークハイツ1F
営 11:30–15:00 / 17:00–21:00
休 木曜日
☎ 03-3816-0144

アジアスーパーストアー
東京都新宿区大久保1-8-2 シャルール新宿 2F
営 9:30–22:30
休 無休
☎ 03-3208-9200

東京大学大学院理学系研究科附属植物園（小石川植物園）
東京都文京区白山3-7-1
営 9:00–16:30（入園は–16:00）
　温室は10:00–15:00
休 月曜日（祝日の場合は翌日）
☎ 03-3814-0138

Ta-im
東京都渋谷区恵比寿1-29-16
営 11:30–15:00（14:30L.O）
　17:30–22:00（21:00L.O）
休 水曜日、月1回の不定休あり
☎ 03-5424-2990

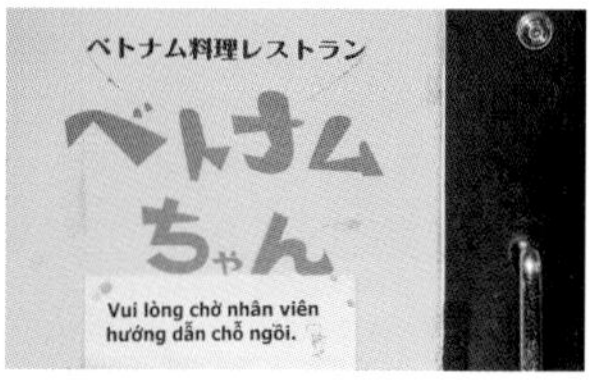

ベトナムちゃん
東京都新宿区百人町1-19-17
営 11:30–15:00（14:30LO）
　17:30~23:00（フードLO 22:00 / ドリンクLO22:30）
休 なし
☎ 03-3365-0107

AREA 04

盛岡 ― 山形 MORIOKA –YAMAGATA

2泊3日

盛岡は文化がある街。風通しがよく、品が良いのです。通ううちに好きなお店が出来たので、歩きながらそこをまわるのもまた楽しい。個人店が多く、生き生きとしたお店が多い印象です。今回はずっと行きたかった念願の〈土門拳記念館〉を目指して山形まで足を延ばしました。山形にも気になるお店がいくつか見つかったので、これから深掘りしていきたいなぁと思っています。帰りは海沿いを走る羽越本線で新潟をまわり東京へ。乗ると、車窓からの景色がとても綺麗。移動中の景色も旅の醍醐味のひとつ。

岩手県公会堂

六月の鹿

窓の外を眺めながら店主の熊谷さんと話す穏やかな朝。

主人が取材で訪れて以来、我々の盛岡でのコーヒーブレイクには欠かせないのが〈六月の鹿〉。自家焙煎とネルドリップの珈琲専門店。実は珈琲は苦手ですが、香りは好き。外を眺められる席に座って、朝からここでのんびりとした静かな時間を過ごすと、一日が穏やかに始められるような気がします。旅先でものんびり過ごすので、コーヒーブレイクのはしごだってします（笑）。〈六月の鹿〉から〈喫茶カルタ〉へ。この2ヶ所が盛岡の拠点となっているイメージ。〈喫茶カルタ〉は、コンパクトなスペースで、シンプルなインテリア。時がゆっくりと流れていて、とても落ち着くんです。観光名所などもごくたまに訪れてはみますが、コーヒーブレイクは何より大切。そこで店主の方々と話したり、教えてくれたお店に足を運んでみたり。そうしてその土地をゆっくりと知っていくのがとても楽しい。

ここが定番席。あいているだけで嬉しくなります

喫茶カルタ

ほっと気持ちを落ち着かせてくれるから通ってしまう。

BOOKNERD

シンプルな店内には早坂さんの面白いセレクトが並びます。

オープン当時から通っている〈ブックナード〉は、選書がとてもいい本屋さん。質問をすると、穏やかな店主早坂さんが本を説明してくれて、訪れると何かしら気になる本に出会えます。ここでトークイベントしたりもしていて、夜には美味しいお店に連れて行ってもらい、おかげで盛岡の美味しいお店リストが増えました。〈吉浜食堂〉も早坂さんが連れて行ってくれたお店。店主が捕ってきた魚の新鮮さには驚きました。ワインも、奥さんが漬けている果実酒なども美味しく、オーナーご夫婦が愛らしくて愛に溢れた場所。まだ出会ったばかりのお店ですが、これから盛岡に訪れた際の定番になりそうです。

店主は代々漁師の家系。捕れたての魚は格別な美味しさ！

―― 好きなお店や好きな人たちが
自然と繋がり広がっていく。
それが旅の楽しみ

吉《きっ》浜《ぴん》食堂

美味しい食事やみなさんの
笑顔。幸せな気持ちになる
朝時間。

神子田《みこだ》朝市

2日目の朝は2度めの〈神子田朝市〉。前回ひっつみを食べて、それがあまりにも美味しかったのでまた行きたいと狙っていました。食べものが美味しいのはもちろん、売っている人たちが可愛らしい人ばかり！　お話ししながら買ったりつまんで食べたり。やりとりをしながら買う楽しさって、昔を思い出します。買い物の原点がここにあるという感じ。街ごとにこういう場所があったら、もっと豊かなのになぁと思うのです。

旅先ではその場所ならではの体験がしたい。だからその土地ごとの美術館は欠かせません。訪れる頃にどんな展示をしているのか事前に確認して、少しでも気になったら足を運びます。ゆったりと過ごしたいので、慌ただしいスケジュールの時には無理せず、行くのは時間に余裕がある時に。展示を堪能した後、この椅子でぼーっとしながら次はどこへ行こう？　明日は何をしよう？　と計画を練る時間が、いいリセットに。

岩手県立美術館

チャーミングなおじいちゃんおばあちゃんがたくさん話しかけてくれる朝市。お値段もお手ごろで、買い物することの楽しみを実感します。

野菜や果物もピカピカで元気。この朝市のハッピーな空気感は、育てているものにも受け継がれています。こんな場所が近所にあったらなぁ。

山形グランドホテル

珈琲専科 煉瓦家

踊り場の美しく繊細なシャンデリアやアート、大人が心地よく過ごせる場所。

意外だと言われますが、旅先では便のいい場所にあるビジネスホテルに泊まることが多いのです。それは、ホテルを堪能するより街を楽しみたいから。クラシックなホテルにはバーを楽しみに行くことが多いです。しかし〈山形グランドホテル〉に泊まって、クラシカルなホテルの心地よさを改めて実感。ホテルの様々な場所にアートが飾ってあるのもまた良くて、歩いて巡ってしまいました。翌朝のモーニングは近所の喫茶店に行くのが定番。〈山形グランドホテル〉から歩いて行ける〈煉瓦家〉は、野山の花が店内に飾られ、暖かさと清潔さが漂い、女性店主のこまやかさを細部まで感じる喫茶店。そして料理がまた美味しくて！　こういうクラシカルで美しい喫茶店が東京からはどんどん減っているなぁと寂しい気持ちになります。常連さんが集まって、お客さん同士や店主と他愛もない話をしながら美味しいものを食べる。各地のそういう空間を堪能できるのが旅の醍醐味。

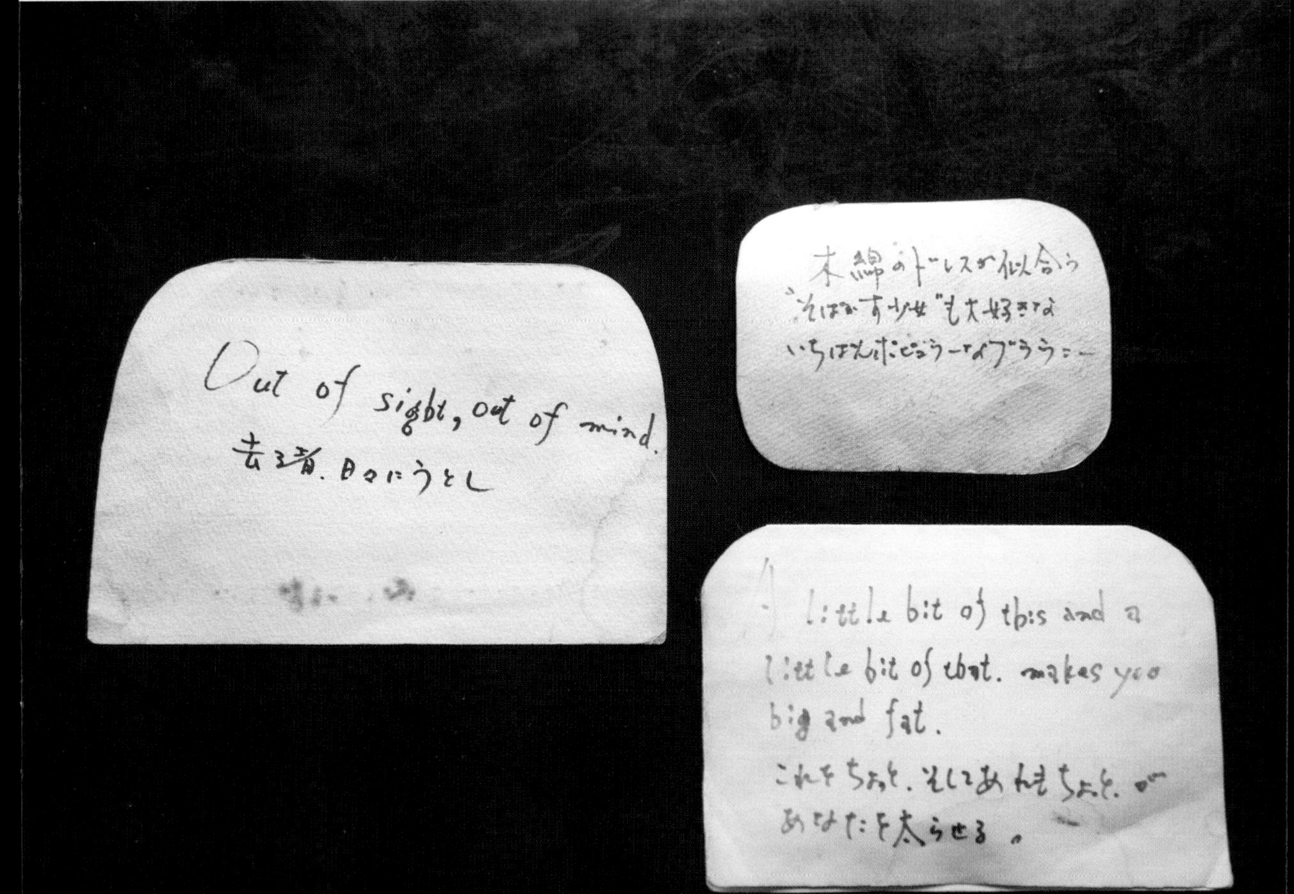

Out of sight, out of mind.
去る者. 日々にうとし
木綿のドレスが似合う
"そばかす少女"も大好きな
いちばんポピュラーなブラウニー
A little bit of this and a
little bit of that. makes you
big and fat.
これをちょっと. そしてあれをちょっと. が
あなたを太らせる。

割烹加とう

旬な素材、その土地の食材を頂く贅沢は旅先だからこそ。〈割烹加とう〉のような場所でゆっくり時間をかけて、お話をしながら食べる時間はとても豊か。岡本太郎さんも馴染みにしていたお店だそう。東北の地のものをお料理していて、焼いたあけびは初めて食べました。皮も食べられるとのこと！　夕食後は、バーに立ち寄って1杯。宵っ張りではないのですが、旅先では日常よりも少しだけ元気（笑）。山形を案内してくれていた友人が教えてくれたバーへ。子宮をイメージして造ったという店内はなんだか不思議なムード。数々のバーに通っているけれど、なかなか他に類を見ない雰囲気です。凛とした女主人との会話がまた面白く、時空のねじれに入り込んでしまったような気持ちに。こういうお店との出会いは本当に嬉しくなります。また伺いますね！

繊細な手仕事を眺めながらお食事できるカウンターが好き。

ボルドー

重厚な造りのこのバーに、女主人が選曲したレコードが流れ、なんとも楽しい夜でした。住所は山形県山形市七日町2-1-26 ☎ 023-623-7442

土門拳記念館

盛岡から山形まで足を延ばした理由は、〈土門拳記念館〉。ずっと行きたかったのですが、なかなか機会がなく今回初めて。作品はもちろん、谷口吉生さんの建築がまた素晴らしい。中庭にはイサム・ノグチの作品も。作品を眺め、景色や建築も楽しみ、一日ゆっくり過ごせる場所。ここを目的に山形をもっと深く知れたらいいなぁと思っています。

土門拳さんの作品が並ぶ景色は圧巻。

建築も素晴らしく、記念館まわりは緑が豊か。

── 興味のある場所を目的に出かけ、
出会いが繫がりながらその土地を知っていく
旅が世界を広げてくれる

TRAVEL FASHION 旅のファッション

どこかに抜け感を取り入れて
定番のコーデをこなれた雰囲気に

ブラック×ホワイトのパキッとコントラストの強いスタイリングはクールになりすぎたり、コンサバティブに転びがちなので、クラフト感のあるかごやバックパックで抜け感をプラスしています。綺麗めのスタイルにあえてスニーカーやバックパックを合わせるのも好き。

▲ **トップス**：COGTHEBIGSMOKE
パンツ：Le Pivot
スカーフ：BLOCK SHOP
サングラス：FAOSA
バックパック：MATADOR
かごバッグ：F/style

▲ **ワンピース**：AULICO
パンツ：ARTS & SCIENCE
サングラス：FAOSA
かごバッグ：F/style

旅のワードローブには、着回しを考えて黒い服を選ぶことが多いんです。ボリュームアクセサリーはオールブラックのスタイルにとてもよく映えるので、いくつか持っていきます。茶色のかごがシャープなスタイリングを和らげてくれています。

薄地ウールのチェックワンピースを羽織り代わりに。旅先にはワンピースと羽織りどちらにも使えるガウンがとても便利。着こなしの幅を広げてくれて、防寒にもなるという優れもの。チェック柄に黒を含んだものを選べば、どんなスタイリングにも意外とマッチ。

◀
ガウンワンピース：Le Pivot
パンツ：HARRISS GRACE
ストール：BLOCK SHOP
サングラス：FAOSA
バックパック：MATADOR
かごバッグ：F/style

Close up

NIKEのエアマックスはベージュカラーなので、ブラックでもブラウンでもどんなスタイリングにも馴染みます。歩きやすさも抜群で、よく歩く旅にピッタリ。ジュエリーを入れているケースは、momocaのもの。2泊3日の旅では足元は毎日同じ。アクセサリーやスカーフは2パターンほど持っていきます。

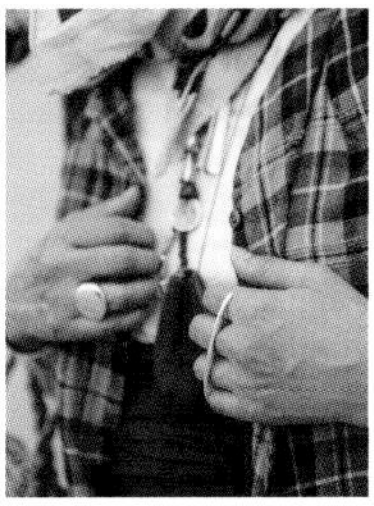

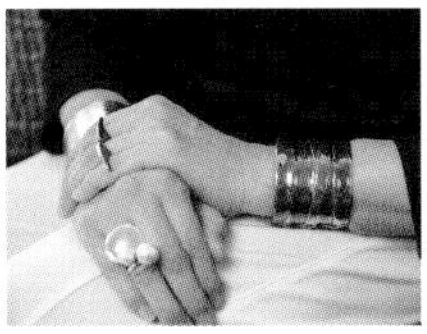

▸
スニーカー：NIKE
ジュエリー：Llane Alexisの革のネックレス、samuloのシルバーネックレス、Monica Castiglioiniのバングルなど

SHOP LIST

六月の鹿

岩手県盛岡市内丸5-5
㊔7:00–15:00（14:30LO）
㊡ 日曜日・月曜日
（時々日曜日営業）
☎ 019-654-1671
6gatsunoshika.blog109.fc2.com

喫茶カルタ

岩手県盛岡市内丸16-16
（県民会館裏手）
㊔11:00–19:00
（土日祝は18:00close）
㊡ 火曜日・水曜日
☎ 019-651-5375
kissa-carta.com

BOOKNERD

岩手県盛岡市紺屋町6-27
㊔12:00–18:00
㊡ 火曜日・水曜日
☎ 019-677-8081
http://booknerd.jp

吉浜食堂

岩手県盛岡市開運橋通5-6
第五菱和ビル 1F
㊔11:30–14:00（13:30L.O）
（水、金、土、日）/ 17:30–22:00
（21:00L.O）（火、水、木）/
17:30–23:00（22:00L.O）
（金、土）
㊡ 月曜日・不定休あり
☎ 019-613-9715

神子田朝市

岩手県盛岡市神子田町20-3
㊔5:00–8:30（年間315日営業）
㊡ 月曜日（祝日の月曜日は5–12月まで営業）
☎ 019-652-1721
www.morioka.jp/mikoda/

岩手県立美術館

岩手県盛岡市本宮字松幅12-3
㊔9:30–18:00
（入館は17:30まで）
㊡ 月曜日（月曜日が祝日、振替休日の場合は開館。その直後の平日が休館）/ 年末年始
☎ 019-658-1711
www.ima.or.jp

山形グランドホテル

山形県山形市本町1-7-42
㊔ チェックイン14:00 /
チェックアウト11:00
☎ 023-641-2611
www.yamagatagrandhotel.co.jp

珈琲専科 煉瓦家

山形県山形市本町2-4-31
㊔8:00–19:00
㊡ 火曜日
☎ 023-642-7500

割烹加とう

山形県山形市七日町2-3-3
㊔17:00–22:00
㊡ 日曜日
☎ 023-641-3999

土門拳記念館

山形県山形市酒田市飯森山2-13（飯森山公園内）
㊔9:00–17:00（入館は16:30まで）
㊡ 月曜日（12–3月）/ 年末年始
（詳しくは休館日カレンダーをご覧ください）
☎ 0234-31-0028
www.domonken-kinenkan.jp

番外編
海外旅行

THAI タイ

大好きで何度も通っている国。空港から街に到着すると、
タイ米の香りが漂い「第二の故郷に帰ってきた〜」という気分になります。

タイ北部料理は辛すぎず味がマイルドなので、旅先でも胃腸が疲れにくい。それはスパイスやフレッシュなハーブや葉物を沢山使うからなのかな？　と思います。

ベジタリアンフードの店がいくつかあるチェンマイ。特に好きなのは、チャイニーズ系タイ人の方が経営している〈オンプーン〉。セルフで好きなだけ取るはかり売りスタイル。お肉のように見えて、すべて野菜で作られてます。料理家の友人達も絶賛のお店。滞在中はわりと毎日のように通っているかも。

チェンマイと言えばカオソーイ。揚げた卵麺と茹でた卵麺にココナッツミルクを加えたカレースープに高菜の漬物、エシャロットをのせてライムを搾って食べる。あぁ、こうして書いているだけで味を思い出して食べたくなります。

30代で初めて訪れたのはバンコク。
暑さと身体にまとわりつく湿度、街中に色が溢れかえっていてエネルギッシュな印象の国。
でも、人々は優しくてのんびりしているので、それが心地よく、頻繁に訪れるようになりました。島のリゾート地にも行くようになり、さらにここ数年は毎年のようにチェンマイに通っています。

お肉が苦手な私も、サッパリとしたカオマンガイは好き。チキンの血の塊（ルアー）を添えて混ぜながら食べるのが本格派ですが、まだそこまでは食べられないので、オーダーする際はマイ サイ ルアット（血の塊は入れないでね）とお願いすると、あら…美味しいのに―…的な顔をされます。

お肉が苦手だけど、サイウア（チェンマイソーセージ）が好きでいろいろな場所で頼んで食べていますがこの宿〈ローンカオラム〉のはすごく好みの味。

チェンマイはWi-Fiが取れるカフェが多いので、旅行者には嬉しい。お気に入りのひとつ、ホテルの入り口近くにある〈カフェ・ドゥ・ラムール〉小さなお店だけどスタッフも感じよくて、カフェメニューは充実。

チェンマイでのToday's Fashion Style。普段は着回しということは考えない私ですが、たくさん荷物は持って行けないので、さすがに考えて持って行きます。派手めカラーや柄をポイントに入れて、楽しさを。

タイは南北に細長い国で地域によって食の特色が違うようで、北部のチェンマイ料理を食べた時に野菜やハーブ類をふんだんに使い、味付けもマイルドなところに魅了されてしまいました。日本に帰ってきても、無性に食べたくなる時があります。そして、タイの伝統的な挨拶に「ワイ」というものがあります。胸の高さに手を合わせてお辞儀するというスタイル。日本の合掌のような感じですが、この挨拶の仕方がとても素敵。柔らかな響きのタイ語と合わせて、とても好きな文化のひとつです。

どこに行っても市場は楽しい。チェンマイもしかり。毎回必ず行くのがワロロット市場。乗り合いバスで行き先告げて、ドアトゥードア。食べ物はもちろん、生活雑貨、下着、服も揃う。楽しくて半日くらい滞在できてしまいます。

番外編
海外旅行

AMERICA　アメリカ

広くて道がまっすぐで、家と車と冷蔵庫が大きくて、自由な国。訪れる前はそう想像していました。実際に行ってみると、それ以上の魅力と、現実も少しだけ知ることができました。とにかく大きい！　まだまだ行ったことがない場所がたくさんあります。

マーファは日本からロサンゼルスに飛び、そこから国内便に乗り換えてエルパソ空港へ。そこからさらに車でおよそ3時間。砂漠のど真ん中にあります。ミニマルアートを代表するドナルド・ジャッドの住居やスタジオ、ミュージアムを見学したくて訪れました。

ニューメキシコ州最大の都市、アルバカーキ。サンタフェに行く際はここが拠点。アルバカーキ空港からここに立ち寄り、昔ながらのダイナーでのランチやアンティークストアなどを楽しみました。

ランチョス・デ・タオスにあるサンフランシスコ デアシス ミッション教会は、オキーフの絵のモチーフにもなっている教会。

マーファの風景。

チマヨはタオスに行く途中の小さい可愛らしい町。サントワリオ・デ・チマヨ教会は、奇跡の砂で有名な教会です。身体の悪い場所に砂を塗ると治ると言われています。

Los Angeles County Museum of Art(LACMA) / ロサンゼルス郡立美術館。とにかくどこに行っても美術館に行く。

サンタフェには縁があって2回訪れています。いずれも春から夏だったので、赤茶色の日干しレンガで出来ているアドビ建築の街と広い青い空にすっかり魅せられました。このあたりは赤い岩ばかり。場所はアビキュー。オキーフの家もそう遠くない。

カリフォルニア州のセントラルコーストにある地域、ビッグサーは「ホワイトセージ」が自生しているので、この地区に入ったとたんホワイトセージの香りがしたのが印象的。ワイルドな地形で、12月だったこともあり風も強くて寒かった覚えがあります。オフシーズンだったのでお休みのお店もちらほら。またいつか訪れる機会があるといいなぁと思っている場所。

最初に行ったのはサイパン、グアム。そして何度も出張で訪れた大都会NY。その頃のヨーロッパ贔屓の私には、アメリカは忙しなくてペースが早い印象があり今ひとつピンと来ていなかったのですが、西海岸に行くチャンスにたびたび恵まれ、そこからさらに国内線に乗り継いで、車でテキサス州のマーファやアリゾナ州のフェニックス、ツーソンなどへ。
これぞアメリカ！　という広大な風景にワクワクしたし、中でもニューメキシコ州のアルバカーキ、サンタフェ、タオス、チマヨなど、2009年と2019年に2回訪れることができました。
ここは私にとってパワーをたくさんもらえる大好きな場所。次はいつ行けるかな？

アメリカで買ったお土産。その土地ならではのお買い物はまた楽しい。

Chapter

2

KEIKO'S TRAVEL PREPARATION

岡本敬子の旅準備

人にはよく驚かれるけれど、私の旅はいつだってバックパック。
戦友というべき欠かせない存在。宿泊数と気分でバックパックを
選んだら、場所、天気、どんな時間を送りそうな旅なのか、
などを考え、思いを馳せながら荷物を用意して詰めていく。
その時間からもう旅が始まっているんです。

KEIKO'S TRAVEL STYLE

岡本敬子の旅のコツ

ルールは決めませんが、旅の回数が多い私が実践している、
心地よく旅を楽しむことができるコツをピックアップ。

Point 1

メイン荷物はバックパックに

バックパックのいいところは、両手が空くというところ。そして両肩に平等に重みがかかるので、身体への負担が少ないんです。荷物はなるべくバックパックにまとめ、カートなども使いません。宿泊数に合わせてバックパックを選び、荷物は最小限にまとめます。

Point 2

歩きやすさ重視の足元は、スニーカーがメイン

旅は普段よりも歩く量がぐっと増えます。そこで、いかに疲れない足元にするかはとても重要。足元が軽やかであれば、それだけで旅の世界が広がります。私はハイテクスニーカーが基本ですが、自分の足に合うスニーカーブランドやサイズ感を見つけてみてください。

Point 3

サブバッグを使い分ける

バックパックは荷物を出しづらいので、携帯やお財布などのすぐに取り出したいものはサブバッグへ。そして、ポケッタブルエコバッグもバックパックにイン。現地用のサブバッグとしても活躍します。色や柄をいくつか持っていき、気分で使い分けています。

Point 4

パッキングの際に
必ず現地の天気をチェック

これは旅に限らずですが、スタイリングを決める時の最重要項目は天気。天気、湿度、気温をチェックして、それに合わせてスタイリングや小物を決めています。天気が怪しい場合は雨具を持参。寒暖差に対応できるアイテムは旅先には必ず持っていきます。

Point 5

旅の服は心地よく
重ねられるものが基本

旅先は温度調節とスタイリングに変化をつけることが重要。シルクのアイテムを重ねて着ることで、防寒を。シルクは薄くシワになりづらいので、パッキングにも最適。また、薄いダウンベストやポケッタブルダウン、スヌードなどの便利なアイテムも駆使します。

Point 6

旅先では
行きつけの場所を作る

これも旅に限らず日常から変わりませんが、行きつけの場所に通うことが好き。少しずつ開拓はしますが、行きたい店や会いたい人を訪ねるのが私の旅。その行きつけの場所や友人からまた違うお気に入りの場所が自然と広がっていく。それが旅の楽しみです。

Point 7

日常のリズムを崩さない

暮らすように旅をする。そんなスタイルなので、旅先でも無理はしないというのが基本。予定は詰め込まず、寝る時間はいつも通り、食べすぎたりもしません。あれもこれも…と考えず、出来なかったことは次回のお楽しみとしてとっておくくらいがちょうどいい。

KEIKO'S BAGGAGE

旅の荷造り全部見せ

2daysパッキングなら1時間くらいで完了！
小さなバックパックになるべく荷物は少なく、身軽が基本。
2daysでも同じ服でずっと過ごすということはせず、最小荷物でスタイルチェンジを。

2 days

1泊で行く春先の四国旅準備をイメージ。寒さは残るけれど、装いに春らしさも欲しい。小物やモーブ色のパンツ、スカーフなど小物で春を意識。ただ急な雨など寒くなることも予想して、薄手のカシミアや薄手のタートルネックなど調整可能なワードローブに。

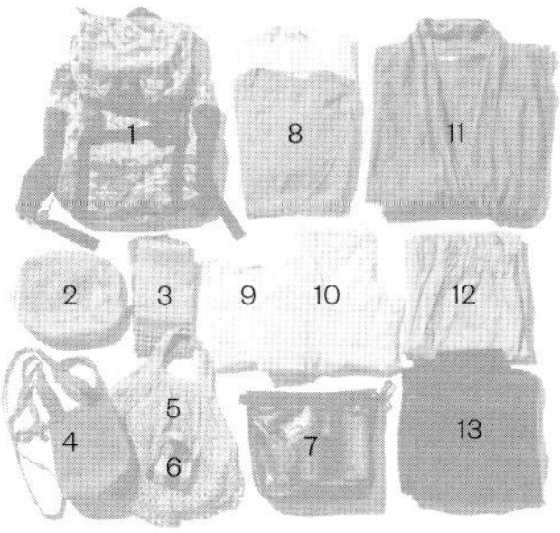

1 スタイリングのアクセントとなる〈PENDLETON × POLeR〉コラボレーションバックパック
2 下着や靴下などを入れる〈mont-bell〉のメッシュポーチ
3 〈BLOCK SHOP〉のスカーフ
4 最小限の荷物を入れる〈zattu〉のショルダーバッグ
5 軽くてシワにならない友人からもらったサブバッグ
6 〈BAGGU〉のギンガムチェックサブバッグ
7 化粧品などを入れる〈Eagle Creek〉の大きめポーチ
8 〈Le pivot〉の薄地カーディガンは色違いで持参
9 〈Le pivot〉のクルーネック白Tシャツ
10 〈Le pivot〉の白タートルネックカットソー
11 羽織りに便利な薄地の〈Le pivot〉ガウン
12 色味が綺麗な〈De bon coer〉のパープルパンツ
13 〈Le pivot〉のパンツ

PACKING

ワードローブはすべてまとめて〈mont-bell〉の圧縮袋でコンパクトに。他はポーチで仕分けを。

雨の時期に旅をする時は、雨に備えた対策を。
心地よく過ごせることが一番なので、アイテムを駆使します。

5 days

梅雨時期、数日の旅をイメージ。荷物が多い場合は〈mont-bell〉、余裕があれば〈BonBonstore〉の折りたたみ傘を。レインポンチョもプラスします。シルクパンツやインドの手織り素材は、濡れてもすぐ乾き雨の日にとても便利。防寒兼ねてスカーフは多めに持参。

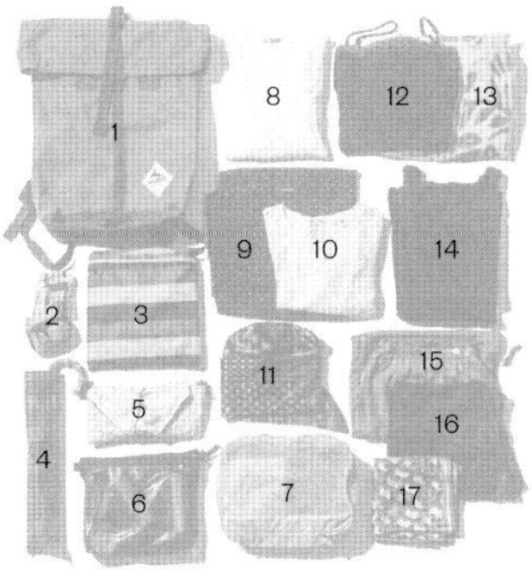

1 口が大きく開くのでものが出し入れしやすい〈GREGORY〉のリュック
2 サブバッグは〈BAGGU〉のチェック&〈GRANITE GEAR〉のグリーン
3 ブランドは不明ですが、折りたたみ出来るレインポンチョ
4 雨の日も気分が上がる〈BonBonstore〉の折りたたみ傘
5 〈momoca〉の刺し子ポーチにはジュエリーを
6 洗面道具などを入れる〈Eagle Creek〉の大きめポーチ
7 下着やハンカチなどを入れる〈mont-bell〉のメッシュポーチ
8 〈Le pivot〉のリブロングカーディガン
9 〈fruits of life〉のドットチャイナローブ
10 〈matta NY〉の白レーストップス
11 〈moi〉のターバンは雨の日にヘアをまとめる強い味方
12 〈dosa〉のキャミソールワンピース
13 〈dosa〉のジャムダニ織ワンピース
14 〈Le pivot〉の万能なノースリーブニット
15 〈dosa〉のシルクパンツ
16 〈Le pivot〉の黒パンツ
17 HERMÈSのスカーフ

PACKING

〈mont-bell〉の圧縮袋でコンパクトにまとめることで、2泊3日でもぎゅっとコンパクトに。3つに仕分け。

1 week

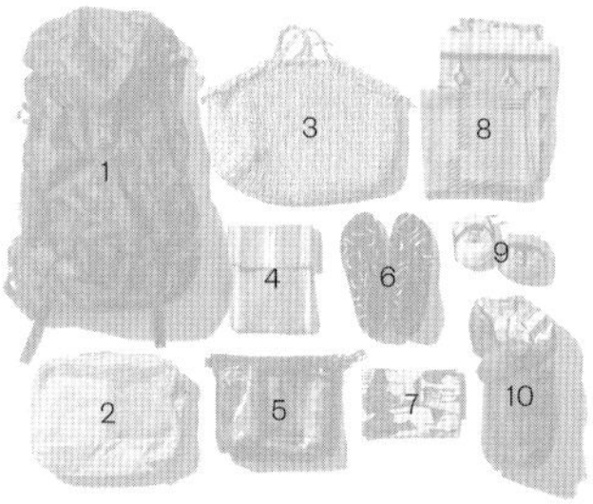

1 しっかり入る28Lの〈Columbia〉のバックパック
2 下着や靴下、ハンカチなどを入れる〈mont-bell〉のメッシュポーチ
3 〈F/style〉のかごバッグはリュックとは別に手持ちのサブバック
4 ジュエリーは〈CENTINELA〉のポーチ
5 スキンケアなど美容ものは〈Eagle Creek〉の大きめポーチ
6 長旅の時には靴も替えを用意。〈CAMPER〉の靴
7 友人の店でジュエリーを買った時に入れてくれたポーチには細々としたものを入れる
8 ブルーは〈HERMÈS〉、イエローは〈BLOCK SHOP〉のスカーフ
9 〈GRANITE GEAR〉のサブバッグも2パターン用意
10 贈り物で頂いたダウンストール

9、10月の秋の盛岡に6泊旅というイメージ。5泊を超えると靴が1足増えます。コートは軽めのものにしてベストで温度を調整。ボトムはデニム、ジャージ風パンツ、着ていくもので3つ。小さく畳める防寒グッズ、スカーフは必須です。

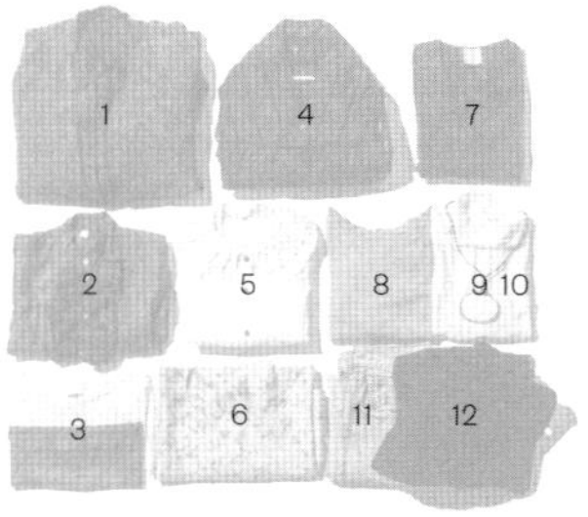

1 〈Jens〉の軽いコート
2 〈dosa〉のシルクフリルブラウス
3 〈UNIQLO〉のTシャツ
4 温度調整に便利な〈RaPPELER〉のキルティングベスト
5 〈Colenimo〉のフリルブラウス
6 透け感が美しい〈dosa〉のシルクワンピース
7 〈5W〉のナイロンチャイナジャケット
8 差し色に使える〈Le pivot〉のオレンジニット
9 〈Monica Castiglioni〉の大ぶりネックレス
10 重ね着にも万能な〈Le pivot〉の白コットンタートル
11 〈Levi's〉のデニムでスタイリングに抜け感を
12 〈Le pivot〉の黒パンツで綺麗めスタイルにも対応

10 days–

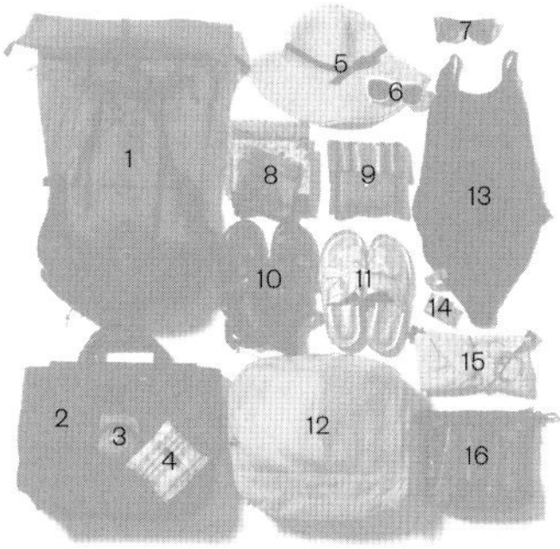

1 40Lの大容量〈山と道〉バックパックは出し入れしやすい
2 バックパックと併用するサブバッグは〈zattu〉
3 〈GRANITE GEAR〉のコンパクトなサブバッグ
4 〈BAGGU〉のチェック柄サブバッグ
5 折り畳める〈Sashiki〉のストローハット
6 〈3.1 Phillip Lim〉のサングラス
7 〈FAOSA〉のサングラス
8 上から〈BLOCK SHOP〉〈ブランド不明〉、〈GUCCI〉、〈A PIECE OF CHIC〉のスカーフ
9 携帯電話の充電器など入れに〈ORTEGA'S〉のポーチ
10 万能な黒を1足。〈trippen〉のサンダル
11 〈trippen〉シルバーサンダルは歩きやすさ抜群
12 〈mont-bell〉の大容量メッシュポーチは下着入れ
13 〈Whimsy and Row〉のシンプルな水着
14 北タイのアンティークシルバーバングル
15 〈momoca〉の刺し子ポーチはジュエリー入れ
16 〈Eagle Creek〉の化粧品入れメッシュポーチ

夏の鹿児島に10日間の旅をイメージ。上下セットアップはセットでも別々でも着られるのでバリエーションがききます。スニーカーで出かけ、サンダルを2足持参。水着は気分に合わせて1、2着。気に入った形の色違いアイテムがあると着こなしの幅が広がります。

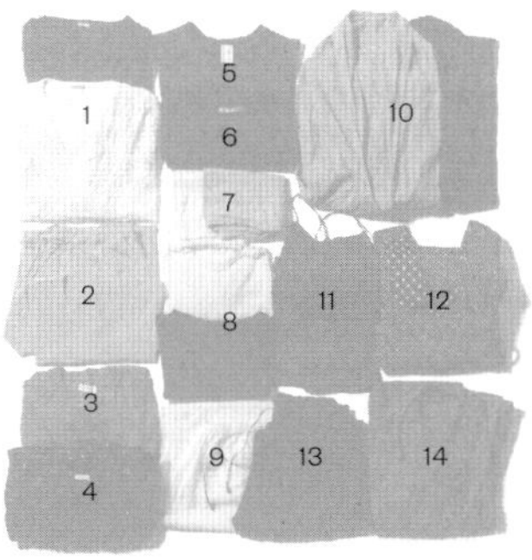

1 〈matta NY〉の刺繍ワンピースは白、黒の色違いを2着

2 〈M medium〉の発色が美しいピンクセットアップ

3 〈HARRISS GRACE〉のブラウンワンピース

4 〈mattaNY〉のワンピース

5 〈NO CONTROL AIR〉のノースリーブトップス

6 〈Le pivot〉のノースリーブ黒カットソー

7 〈iro iro〉のブラウスはサーモンピンク、白の色違いを2着

8 〈Le pivot〉のニットは白、黒の色違いを2着

9 軽やかな〈iro iro〉の白シルクパンツ

10 〈Le pivot〉の温度調節に便利なローブは黒、ベージュの色違いを2着

11 〈dosa〉のキャミソールワンピース

12 〈ENGINEERED GARMENTS〉のドットワンピース

13 どんなシーンにも対応する〈Le pivot〉の黒パンツ

14 〈COSMIC WONDER〉の美しいピンクのパンツ

MUST ITEM

必ず持っていくもの

旅先でも普段愛用しているアイテムがあると安心するので、
それらは必ず持っていくようにしています。

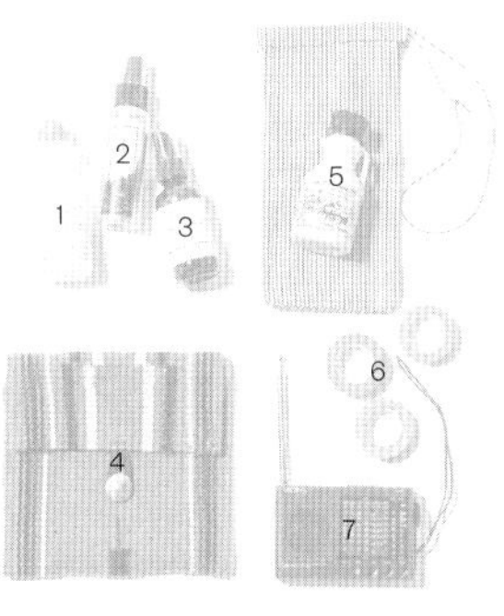

1 〈EUCALAN〉のおしゃれ着洗剤
2 〈LiniE〉のオーラミストはリネンウォーターとして活用
3 〈APOTHEKE FRAGRANCE〉のルームミストスプレー
4 空間をマイスペースに変えるためのアイテムは〈ORTEGA'S〉ポーチに
5 解毒作用があるというメープルシロップで身体を整える
6 マスキングテープは食べかけのお菓子の袋をとめたり、メモ代わりに貼ったり
7 ホテルの部屋ではラジオを流しっぱなしが多い。ラジオは〈SONY〉

旅先でいかに快適に過ごすか。それには、日常に近い環境を作ることがとても大切。旅を重ね、これを持っていけば、心地よく過ごせるという少数精鋭が定まってきました。香り、洗濯、健康、音楽、どれも旅先に必要なものばかり。いつもと違う環境の中で心も身体も安定させてくれる、お守りみたいな存在です。

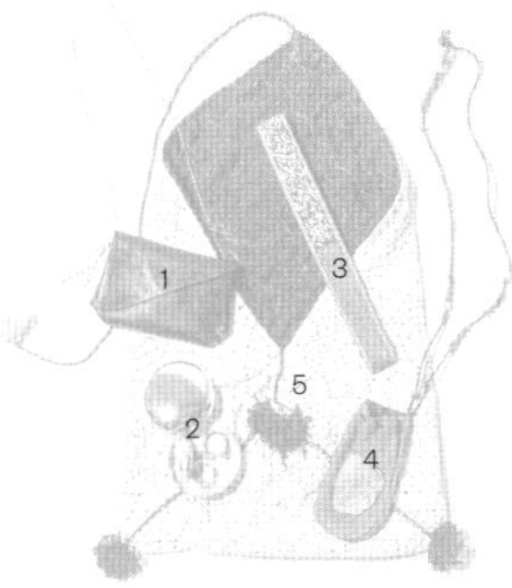

1　〈mindy〉の首から下げられるミニレザーポーチ。中にはお守りとして岩塩が
2　〈CHRISTOFLE〉のシルバーケースにリングを入れて。中のリングは〈Monica Castiglioni〉のブロンズリング2点と〈LiniE〉のラピスラズリのリング
3　真冬以外はいつも持っていく〈BonBonstore〉の扇子
4　〈Llane Alexis〉のレザーケースにお守りの岩塩を入れることも
5　小物やアクセサリー類は〈momoca〉の刺し子バッグにまとめて

“これがあると落ち着く”というものがありませんか？　お守りみたいな感覚に近いのかも。それは旅先に必ず持っていきます。ジュエリーや扇子。気に入っている刺し子バッグやレザーポーチに入れて、大切に持参。慣れない土地でこそ落ち着かせてくれるものを身に纏いたい。

WALLET & POUCH

旅支度はいかに仕分けるか、が肝心。ポーチはサイズ違いで多用します。
お財布も旅先ではなるべくコンパクトなものに。

気に入ったポーチに出会うと買うようにしていましたが、気付けばフラットな形のものばかり。そして色が綺麗なものや刺繍が凝ったものばかり。要するに派手なものだらけでした（笑）。ポーチを旅先の財布にしたり、何かを仕分けしたり、薬や飴を入れたり。バックパックの中でどこにあるのか分からなくならないためにもポーチはいくらでも必要。

1 〈POSTALCO〉のポーチ
2 〈TEMBEA〉のポーチ
3 〈KO〉のポーチ
4 〈Aeta〉のコインケース
5・6 チェンマイ モン族のお店で購入したミニポーチ
7 チェンマイ リス族のお店で購入したミニポーチ

STORAGE BAG

いかにバックパックに綺麗にスッキリと収めるか。
それにはこんなストレージバッグの力を最大限借りることが近道。

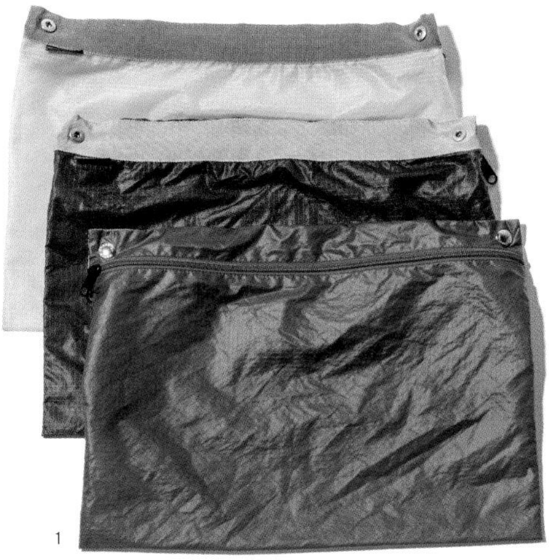

1

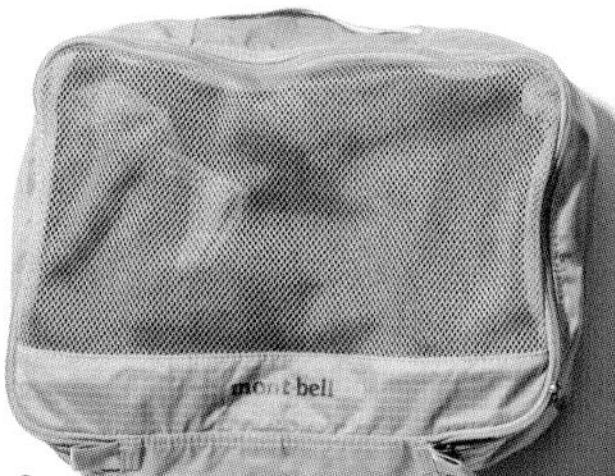

2

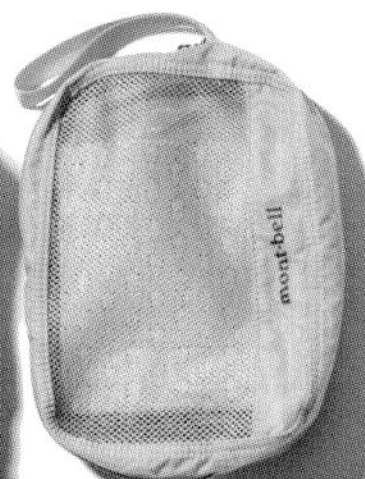

3

4

ポーチは見た目も重要ですが、ストレージバッグは機能性重視。〈mont-bell〉のバキュームパックは、洋服を入れて空気をきっちり抜いて最小限にコンパクトにしてくれる圧縮袋。これがないと私の旅は成り立たないと言っても過言ではないかも。メッシュポーチも中身が見えるので便利。アウトドアブランドは機能性や強度があるのでおすすめです。

1　〈Hervé Chapelier〉のストレージバッグ
2・3　〈mont-bell〉のメッシュポーチ
4　〈mont-bell〉のバキュームパック

KEIKO'S TRAVEL CLOSET

岡本敬子の旅の服

旅先に持っていく洋服。最小限の量でいかに違う着こなしを毎日楽しめるか。
そこには自分なりのルールがありました。

ITEM 01

BACKPACK

バックパック

バックパックとの旅ももう6年目

私のバックパックデビューは、夫が買ってきた復刻版の赤いケルティ。普段使いしていたのですが、1泊2日の出張の時、ふとこれで行こうかなと思ったんです。そうしたらとても身軽で、そこからバックパックをチェックするようになり、あっという間にサイズ違いが揃いました。ぽってりとしたシルエットよりも縦長のシュッとしたフォルムのものを高めの位置で背負うのが好き。柄物も持ちますが、基本的にはシックな色合いが多いです。

1 GREGORY
2 Columbia
3 KELTY
4 Matador
5 山と道
6 PENDLETON×POLeRコラボレーション

Styling

春夏秋冬、いつだってバックパックで旅へ。ただし中身をきっちり詰め込むので、必要な荷物をすぐに出せるわけではない、ということだけが難点。そこで必ずサブバッグを常備します。道中よく使うものや取り出したいものは、この中へ。サイズ違いでサブバッグ2つ持ちの時も。サブバッグがスタイリングのアクセントになってくれたりもします。何だか新鮮で好きなのは、バックパック×かごバッグというちょっと意外な組み合わせ。

(上左) ストローハット × グレーバックパック
東京→鹿児島→福山 / 6泊7日
フェイクスエードノースリーブトップスにシルクパンツ。電車移動もある時はシワにならないスタイルに。滞在日数の割に荷物が少ないのは、かさばらないシルク素材のワードローブが入っているから。

(上右) オレンジバックパック × チェックコート × ムートン帽子
富山 / 3泊4日
寒い季節に雪が降る場所への旅。とは言っても身軽に行きたいので
軽めのコートにロングタートルニットとニットパンツ。ジャカードのマフラー、ムートンの帽子にスノーブーツと完全防備の装い。

(下左) チャコールグレーバックパック × ツイードコート × ブラック細パンツ
静岡→浜松 / 4泊5日
2月の終わりはまだ寒い気候なので、全体的に服はダークな色でまとめています。けれど、小物をベージュとライトグレーグレー系にすることによってそこに軽さを足しています。

(下中) カーキバックパックスタイル
京都→大阪→長崎→久留米 / 8泊9日
気温差ある土地の長い移動だったので重量のあるものは避け、薄く、レイヤードスタイリングが出来るベロアの羽織りにジャージー素材の細身のパンツ。エコバッグとスニーカーの色がスタイリングのポイント。

(下右) ストローハット × バーガンディーローブ × 赤のパンツに竹かご
浜松 / 3泊4日
柄物のバックパックは難しそうに見えるけど、柄の色味を服に取り入れると、すっきりと見えます。我ながら結構気に入っている色合わせ。サブバッグは竹かご。バックパックとのアンバランス感も好き。

ITEM 02

SNEAKERS

スニーカー

快適な足元が世界を広げてくれる

スニーカー歴は長いのですが、40代後半の頃、もっと軽いスニーカーが欲しいなぁと探していたらセレクトショップで出会った、ナイキのエアマックス。そこからハイテクスニーカーが好きに。手持ちのワードローブに合うんです。サンダルを合わせたらナチュラルになってしまいそうなワンピースでもハイテクスニーカーを合わせただけでナチュラルに寄りすぎず、スタイリングに抜け感を作ってくれます。大人っぽくまとめたいから、派手なカラーは避けてベーシックカラーを。歩いていて疲れないというのは、旅の靴に絶対必須な条件。足元が快適なだけで、行動範囲が広がります。

1 ZDA
2 BRAND BLACK
3 NIKE
4 NIKE

Styling

カジュアルな服にスニーカーとバックパックを合わせるとラフすぎるので、フェミニンなワンピースやクールなモード系スタイルに合わせるのが好き。カジュアルな服に合わせる時は、肌見せや小物使いでどこかに抜けを作ります。歩きやすさと安定感があるので、旅の時こそ大人のハイテクスニーカーにチャレンジしてみてもらいたい。難しそうなハイテクスニーカーも、カラーを選べばだいたいどんな服にもすんなりマッチするんです。

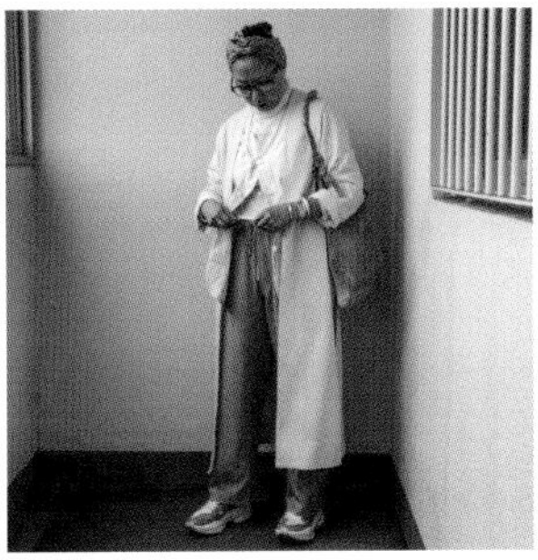

(上左) 赤紫ローブ × ジャムダニ織ワンピースに白パンツ
エスニックなアイテムは好きですが、earthyになりすぎないように綺麗な色のアイテムをきかせます。足元はハイテクスニーカー。ベージュ系グラデーションはピンクとも相性抜群です。

(上右) ブルーのボリュームワンピースと黒スニーカー
フェミニンなワンピースをそのまま着用するのも素敵ですが、細身のパンツや自分的にぴったりフィットした黒のキャップとスニーカーを合わせて、ワンピースを着崩しています

(下左) レーストップス × デニム × Latviaのバスケット
シンプルな服を着る時はシルエットとバランスが大切だと思っています。特に同系色のスタイリングは肌見せのバランスも重要。黒いスニーカーは服、テイスト、色合わせなど何にでも合う万能さ。

(下中) オフホワイト × ピンクスタイル
ピンク×ダークなカラーが多かったのですが、ここ数年はオフホワイトとの組み合わせが気に入っています。甘くなりがちなカラーリングも、スニーカーがスパイス的な役目をしてくれています。

(下右) 茶系スタイリング旅スタイル
鹿児島→香川
2週間という長い旅だと着回しできる色と形の服が便利。この時は茶系と黒系、白系に小物で色を添えるというワードローブ。そしてスニーカーはどんなスタイリングでも抜け感を演出してくれます。

ITEM 03

LOW HEEL SHOES

ローヒールシューズ

歩きやすい、でもきちんと感もある

長旅に持っていくワードローブを考える時、TPOに対応出来るか、という部分もとても重要。だってもういい大人ですから（笑）、綺麗めな服を着るべきタイミングがあるかもしれないので、足元もきちんと感があるものを持っていきます。とはいえ、疲れてしまうような靴はNG。〈trippen〉、〈DANSKO〉、〈CAMPER〉が定番に。この3ブランドの靴なら、スニーカーの代わりにもなれるほどの、快適さ。カラーはどんな服にも馴染む黒か白を選びます。

1 trippen
2 trippen
3 CAMPER
4 DANSKO

ITEM 04

SANDALS

サンダル

裸足で履いて可愛い靴は夏の定番

スタイリングを決める時、肌見せのバランスはとても重要。足首やつま先が見えることで抜け感が出るので、裸足で履いて可愛い靴は私にとってとても重要。真夏なら旅先に2つ持っていくことも。昔はバレエシューズを履いていましたが、長時間歩くには不向き…。でも可愛いので、あまり歩かない時を狙って履いています。ほとんどはファッション性と歩きやすさを兼ね備えたサンダルばかり。ホテルの中でルームシューズ代わりにも活躍します。

1 trippen
2 trippen
3 trippen
4 CAMPER

ITEM 05

BAG

バッグ

バックパックとセットで手持ちを

バックパックとセットで持つサブバッグは、軽くて間口が広く、たくさん物が入るものを選びます。旅に限らず日々使うバッグなので、常に気に入るものを探しているかもしれません。なかでも〈zattu〉は最近の大ヒット。軽く、間口が広く、肩がけ手持ちどちらも可能。その上、自分で洗濯まで出来てしまう！　理想をすべて叶えてくれるバッグに出会えた気分です。〈KO〉のフリンジバッグはお財布や携帯などすぐに取り出したいものを入れるのに最適。

1 〈F/style〉のシナ縄マルシェバッグ
2 〈zattu〉のトートバッグ
3 〈KO〉のフリンジバッグ
4 〈zattu〉のトートバッグ

必ずいくつか持っていく旅の必需品

旅先では買い物をしたり、急に荷物が増えることもあるので、エコバッグをいくつか持参します。家には全部で30個くらいあるかもしれません（笑）。その中から持っていく洋服に合わせて選びます。中でもこの〈GRANITE GEAR〉と、〈BAGGU〉は登場頻度が高い2ブランド。旅先では、エコバッグをサブバッグとして使い、それだけを持って出かける時もあるので、それが可能なデザインの良いものを選びます。

ITEM 06

ECO BAG

エコバッグ

1 発色の良い〈GRANITE GEAR〉のエコバッグ
2 〈BAGGU〉のチェック柄エコバッグ

ITEM 07

HAT

帽子

旅用の帽子はSashikiがメイン

旅の間はいかに毎日のスタイリングに変化をつけるかが肝なので、帽子を筆頭に小物の力は重要。特に、帽子は日除け、防寒にも活躍します。夏の定番はたためるストローハット、秋冬はぺたんこになるカシミアベレー帽。3泊以上の旅の時は、2つ持っていくことも。以前は大きめのベレー帽を選んでいましたが、今は小さめをちょこんとのせるのが気分。フェミニンなスタイルではなく、マニッシュなスタイルにベレー帽を合わせるとクールなイメージに。

すべて　Sashiki

ITEM 08

RAIN GEAR

雨具

アウトドアブランドが機能的

旅前はこまめに天気予報をチェック。どうしても雨を避けられなさそうだなぁという時は、必ずレイングッズを持っていきます。何より優先するのは、羽織りもの。〈patagonia〉のパッカブルパーカが便利。よっぽど雨が強そうな時には雨靴も持参します。普段のスタイリングにレインギアをプラスするだけですが、明るめのカラーを選ぶと雨でもテンションが下がりません。やはりアウトドアブランドのレインギアは機能的！　軽くコンパクトで旅に最適です。

1　〈patagonia〉のパッカブルパーカ
2　〈Daiichi Rubber〉のパッカブルレインブーツ
3　ブランドは不明のバックパックレインカバー
4　〈mont-bell〉の折りたたみ傘
5　〈SOREL〉のブーツ

ITEM 09

SCARF

スカーフ

巻く場所と巻き方で印象が変化

たとえ1泊2日でも、旅先には最低2枚は持っていくスカーフ。大小サイズ違いの時もあれば、大判2枚の時もあります。40枚ほど持っているスカーフは、ほとんど柄物ばかり。首または頭に巻いて使います。同じスカーフでも首に巻くのと頭に巻くのとで印象が全く違って、スタイリングの幅がぐっと広がるので、旅先にはありがたい存在。スカーフを選ぶ時のポイントは、色・柄・素材。品と華やかさを兼ねているHERMÈSのスカーフは特にお気に入り。

1 Claude Montana
2 HERMÈS
3 GUCCI
4 HERMÈS
5 ブランド不明
6 HERMÈS
7 HERMÈS
8 ANATOMICA

ITEM 10

STOLE & SNOOD

ストール & スヌード

無地の服のポイント、そして防寒に

選ぶポイントは巻いた時にフィットするもの、肌触りの良いもの、柄が愛らしいもの。ズレたりせず快適なので、最近の旅先にはスヌード率のほうが高いです。ノルディックな柄物は、洋服ではあまり選ばないのですが、面積を少なめに取り入れるのなら好き。無地の服が多いので、小物で柄物を取り入れポイントに。とても寒い時期は、薄地のストールを巻き、その上に更にスヌードを巻くことも。温度調整に便利なアイテムは、旅先には多めに持っていきます。

1 n100
2 COOVA
3 moi
4 JAMIESON'S
5 JAMIESON'S

ITEM 11

TOPCOAT

コート

1 Bella Jones
2 dosa
3 Tabrik
4 susuri

薄くて軽いコートを1着だけ持参

旅用コートは薄くて軽いものを1着選びます。かさばるので1着だけ持っていき、中に薄いインナージャケット、ローブ、ダウンベストなどを重ねて寒さに備えます。防寒はコートだけに頼らず、レイヤードや小物で対応。ガウンのようなノーカラーデザインが今の気分です。コートはスタイリングがどうしても重たくなりがちなので、袖を少しだけロールアップして手首を出すことで抜け感をプラス。

ITEM 12

WARM ITEM

防寒具

パッカブルの防寒具は旅先に必須

旅先に最適なパッカブルアイテム。寒い時に備え、念のため防寒具も持っていきます。毎年様々な防寒具が発売されるので、雑誌、WEBなどをチェックしながら自分らしいものをセレクト。色があるものを選ぶならそれをポイントにしてスタイリング。黒やグレーなら、同系色でまとめます。この〈P.H Designs〉のダウンスカーフはスナップのかけ方で形が変わり、何通りも巻き方を楽しむことが出来るんです。本当に軽くて暖かい。薄地のアウターの上に重ねています。

1

| 1 P.H DESIGNS

ITEM 13

GLASSES

メガネ

直感的に好きかどうか、そこが大切

旅先に持っていくのは、かけていくものと荷物に入れるもの、だいたい2つ。2泊くらいまでは1つ、3泊で2つに増え、5泊以上の長旅には3つ持っていきます。クールなスタイリングにあえて丸メガネを選んで少しアンバランスな崩しをいれたり、個性的な形のメガネを選んだり、決まりすぎないほうが良いと思っています。メガネは自分の定番から変えない人が多いと思うのですが、印象がつきやすいので、洋服と同じように変えるのがおすすめ。選び方も洋服と同じく、その日の気分や直感で選びます。

1 Lesca
2 BLANC
3 ROBERT LA ROCHE VINTAGE
4 LOWERCASE

ITEM 14

SUNGLASSES

サングラス

エッジのきいたデザインを選ぶ

毎年アップデートしているサングラス。かけた時に、眉毛が見えないということが、選ぶ際の重要なポイントです。1〜4泊くらいまでは1つ、5泊以上なら2つ持っていきます。シンプルなスタイリングにエッジのきいたデザインをかけるのが好み。サングラスを探す時はまず、〈megane and me〉、〈LUNETTES KOLLECTION〉、〈NATIVE SONS〉の3ブランドをチェックします。

1 megane and me
2 FAOSA
3 LUNETTES KOLLECTION
4 3.1 Phillip Lim

ITEM 15

ACCESSORIES

アクセサリー

印象的なデザインでポイントに

実はピアスの穴は1つしか開いていないので、旅にはシングルピアスを2パターン持っていきます。その代わり、イヤリングを多めに用意。シンプルなスタイリングに合うボリュームがあるタイプのイヤリングは、デザイン重視で選びます。まとめ髪が基本なので、耳元のアクセサリーは目に付きやすいんです。リングは基本的にシルバー派。3泊までは同じアクセサリーで過ごし、4泊以上は2、3パターン。アクセサリー1つで気分が変わるので重要な存在。

1 Monica Castiglioni
2 Monica Castiglioni
3 LiniE
4 DOIGT
5 ブランド不明
6 TOGA PULLA
7 ジョージア・オキーフ美術館で購入

私の基本はパールとシルバー

なんとなくきちんと見えるパールネックレスは、カジュアルな服にも合いとても万能。必ず1つは旅先に持っていきます。基本的にロングネックレスかチョーカータイプ、どちらかを。半端な長さは好きではないので持っていません。旅だからと意識することもなく、基本的に毎日シルバーアクセサリーをつけるので、3泊の時なら2パターンくらい持っていきます。アクセサリーは旅先で買うことも多く、ブランドにはこだわりません。パッと見た印象、それだけ。

1 パームスプリングスで購入したヴィンテージのルーペネックレス
2 samulo
3 MAISON RUBUS.
4 collete malouf
5 CHANEL
6 ROARKE new york

ITEM 16

FORMAL WEAR

フォーマルウェア

1 Le pivot
2 COSMIC WONDER
3 ROARKE new york
4 kate spade NEW YORK
5 Sugri
6 DOIGT
7 NATIVE SONS

小物や組み合わせで フォーマルスタイルに

旅先はワードローブが限られるので、大げさな服を持っていくのは嫌ですが、ホテルのバーに行く時など、きちんとしたスタイリングが必要な時もあるはず。別々に着るとカジュアルにも持っていけるアイテムをセットで着て、パールやクラッチバッグを足すとぐっとシックに。組み合わせ、アクセサリーや小物次第でフォーマルウェアは実現出来るんです。おすすめは、光沢感のある素材、光りもののアクセサリー、透ける素材、カッティングが美しいアイテムなど。そして、スタイリングだけでなく、肌見せのバランスと美しい姿勢も大切です。

ITEM 17

RELAX WEAR

リラックスウェア

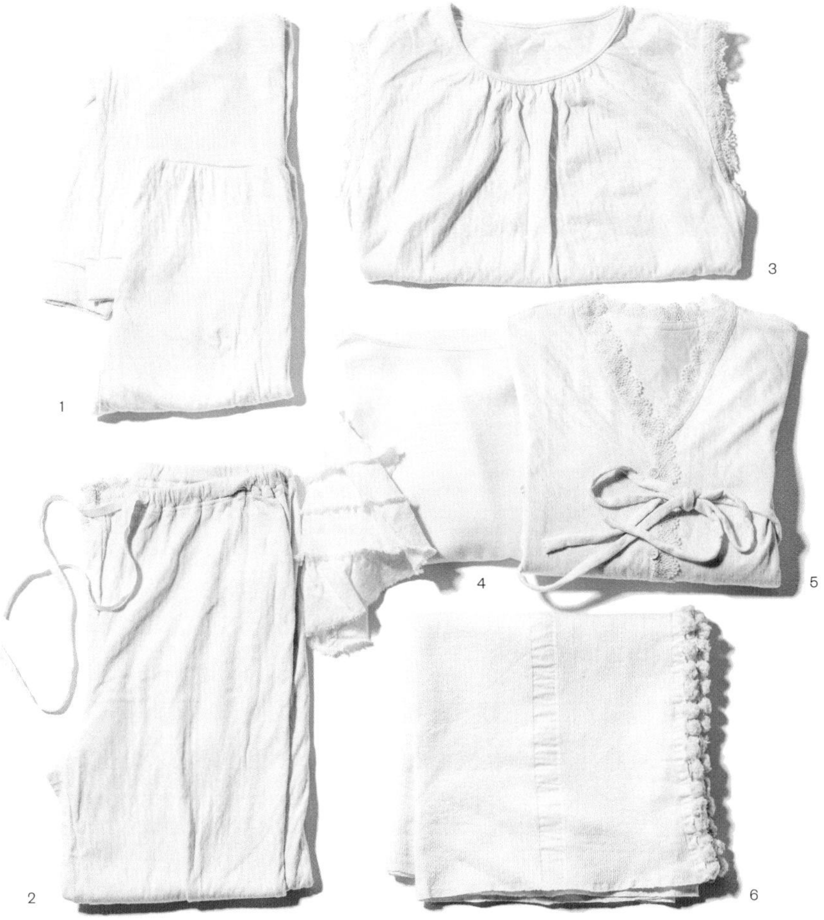

夜寝る時は何よりも肌触りを重視

普段着はオーガニックにこだわることはなく、シルクも大好き。ただ、寝る時だけはオーガニックコットンが気持ちいい。その肌触りの良さを実感した5、6年前から、パジャマを旅に持っていくようになりました。宿泊先の部屋でいかに心地よく過ごすかはとても重要。普段は色を使うスタイリングが多いので、リラックスする時は色がないほうがリセットできるみたい。お仕事させて頂いているnanadecorのおかげでパジャマの大切さを実感しています。

1 nanadecor
2 nanadecor
3 nanadecor
4 nanadecor
5 nanadecor
6 dosa

STYLING

CAP STYLE

キャップスタイリング

イエロー×ネイビー×ライムグリーンにアフリカンバティック柄のキャップ。この時期はどうやらイエローが気に入っていたようです。

ネイビーの上下に、ポイントにターコイズカラーのキャップ。キャップには私の大好きな町「Santa Fe」と刺繍されています。

去年までの私ならつば広めのストローハットを合わせていたけど、フェミニンなホワイトワンピースにホワイトのキャップを合わせたら、なんだか自分的に新鮮でした。

ブラックノースリーブニットにブラックパンツの同系色スタイル。ポイントはアフリカンバティック柄のキャップに、マスタードカラーのニット。

ウイルスを防御するために被り始めたキャップ。
被ってみると頭がキュッとして、いつものワードロープがなんだか新鮮に見えました。
マスクとの相性も悪くないですしね。

ストライプのコンビネゾンとチェックのエコバッグ。去年まではストローハットだったけど、今年はベージュのキャップが気分。

ブラックの上下 × ブラックのキャップ。ラトビアのバスケットとスニーカーを合わせせることにより、程よい抜け感が出ます。

右上のブラックのキャップと同じ。こちらはオフホワイトの上下。色を変えるだけで雰囲気が変わるのが面白い。

チョコレートブラウン × イエローのコントラスト強めのカラーリングキャップは、ポートランドのお土産。

Chapter

3

KEIKO'S TRAVEL SNAP

岡本敬子の旅写真

旅先で写真を撮るのは、圧倒的に主人。彼は仕事柄もあり、記録として残しているので、習慣化しているのだと思います。一方私は「あー美味しかった！」と食べ終えた後に、こんなに美味しかったのなら写真を撮っておけばよかった…と気付くタイプ。最近ようやくメモ代わりに写真に残すということが、少しは出来るようになってきたような！?　旅の記録が少しずつ増えてきました。

FOOD

旅の食

鹿児島〈ミス・サイゴン〉
空港に近く車で送迎してくれる時に立ち寄ることが多い。派手なテーブルクロスにブンがよく似合う。

尾道〈BISOU〉
BISOUに行きたいから尾道に行くというのも過言ではないくらい大好きな店。ワインのセレクト、スパイス使いが素晴らしい。

佐賀〈中央軒〉
鳥栖駅構内にある立ち食い蕎麦店。電車の待ち時間にサクッと済ませられる立ち食い蕎麦という文化は素晴らしい。

名古屋〈一富士〉
うなぎが苦手な私が、なぜだかここのひつまぶしだけは食べられるという不思議。タレがとても好みです。

富山〈Cafe Charo〉
カレーが美味しい喫茶店。カフェのカレーと侮るなかれ。十数種類のスパイスでパンチがきいたカレーです。

この土地に行ったら絶対にここで食事をする。お茶をする。
お土産を買う。そういう行きつけのお店が日本各地に増えました。

長崎〈群来軒〉
長崎空港、長崎駅から直行して食べるのがこちらの皿うどん。ちょうどいい量。デザートに桃饅頭も必ず食べます。

香川〈おけいちゃん〉
中央卸売市場の中にある。早朝から新鮮な魚介類が食べられて嬉しい。同じ名前にもシンパシーを感じる。

鹿児島〈竹川峡〉
鹿児島に初めて来たときにびっくりした、そうめん流し。そうめんが機械の中でくるくる流れているのが面白い。

静岡〈多可能〉
静岡に通い出して数年経ちますが、魅力的な居酒屋がたくさんあり楽しい。老舗の大衆居酒屋で早い時間から1杯。

旭川〈ぶんご〉
いりこのきいたうどんと、釜飯と甘味。なぜか鹿児島名物"しろくま"もあるので、毎年ここで"しろくま"始め（笑）。

香川〈上原屋本店〉
高松と言えば「讃岐うどん」。私は猫舌じゃないのであつあつ（熱い麺に熱い出汁）が好み。揚げ物も美味しい。

岡山〈カラパン〉
岡山に滞在が決まったらすぐ予約するくらい好きなお店。頭で想像していたものと良い意味で違う驚きがあったりと毎回楽しみなお店。

大分 日田〈みくま飯店〉
名物の焼きそばは、これぞ焼きそばの中の焼きそば！ たまに思い出して無性に食べたくなります。

鹿児島〈薪窯とワイン Santé〉
美味しいイタリアンとそれに合うワインを頂ける店。必ずオーダーするのが野菜の窯焼き。特製バーニャカウダで旬野菜をたっぷり。

長崎〈SOT L'Y LAISSE〉
長崎に来たら必ず予約して行くビストロ。隣の人とぶつかりそうなミニマムさがフランスのような雰囲気。

鎌倉〈観音食堂〉
大船駅にほど近いお魚を美味しく食べさせてくれる食堂。マグロのぶつとマカロニサラダをつまみに一杯。

岡山〈ミレンガ〉
旅の途中でちょっと小腹が空いた時、食べるのにちょうど良いプレーンドーサ。ワインにもきっと合うはず（笑）。

大分 日田〈Bajio〉
豆田町の歴史ある古民家をリノベーションしたカフェ&バル。三隈川沿いを散歩しながら、明るい時間から一杯を！

大分 日田〈寶屋〉で食べられる「きこりめし」。
日田の郷土料理がぎゅっとつまって可愛らしいだけでなく美味しいお弁当です。

富山〈ドライブイン金龍〉
富山に移住した友人が連れて行ってくれたそうめんと山菜料理が美味しい食堂。美しさと美味しさに感激。

鹿児島で無人の嘉例川駅で売る駅弁〈森の弁当 やまだ屋〉。
地元食材を使った野菜のお弁当。土日祝日数量限定で買えたらラッキー。

長崎〈Baretpain〉
自然派ワインとともに焼きたてパンが食べられるBar。お料理は姉妹店の〈SOT L'Y LAISSE〉から出前をしてくれる。

ART PLACE

アートのある場所

香川〈丸亀市猪熊弦一郎現代美術館〉
美術館の外観からワクワクする壁画とオブジェがあり、毎回来るたびに写真を撮ってしまいます。

〈富山県美術館 オノマトペの屋上〉
滞在してる時にオープンしたばかりだったので見に行ったこの時は夏でしたが、冬には立山連峰が見えて感激。

金沢〈鈴木大拙館〉
ここにくるとすべてゼロにフラットにして、リセットが出来る。そういう場所はありそうでないのかもしれない。

〈新潟市美術館〉
前川國男建築の美術館。滞在しているホテルから散歩がてら歩いて行けるのが良い。このレンガがとても好き。

〈沖縄県立博物館・美術館〉
琉球時代のお城の石垣を参考にしたというインパクトある外観はどことなくサンタフェの古教会のよう。

〈安田侃彫刻美術館 アルテピアッツァ美唄〉
安田侃氏の作品はいくつか目にしていたのですが、美術館があるというのを知って札幌の友人に連れて行ってもらったのが最初。まだ雪が残っていた時期だったので違う季節にまた来たいと思い、2度目の来訪が果たせました。すべてにおいて開放的で、インスピレーションも湧いてくるしリセットもできる場所です。

旅先で必ず足を運ぶ美術館や公園、博物館や植物園がその土地を
教えてくれる。宿泊中にどんな展示があるのか事前にチェック。

札幌〈モエレ沼公園〉
何度行ってもまた行きたくなる公園。公園内を貸し自転車でぐるりと一周してこのガラスのピラミッドで休憩を。

香川〈丸亀市猪熊弦一郎現代美術館〉
貝がらのオブジェが設置されたゲートプラザ。この位置で写真撮影するのが定番。

札幌〈北海道立近代美術館〉
札幌に来ると必ず行く場所。空間がとても好きなのですが、常設展も結構楽しいのでいつでも行きたいです。

金沢〈金沢21世紀美術館〉
好みの展示をやっていることが多く必ず行きます。オラファー・エリアソン《カラー・アクティヴィティ・ハウス》（上記写真）とジェームズ・タレル《ブルー・プラネット・スカイ》の部屋が大好き。

ARCHITECTURE / WALL

建物 / 壁

名古屋〈名城線久屋大通駅の壁画〉
インパクトがあってカラフルな壁画。電車を待っている間にこんな壁があるとなんか楽しいし和みます。

倉敷〈倉敷市立美術館〉
丹下健三の設計。丹下建築の特徴が至る所にあり見ごたえがあります。

瀬戸内国際芸術祭2013の小豆島会場作品「小豆島の光」の作家・王文志さんが竹を使って制作した作品。

〈東川 森のゆ 花神楽〉
大雪山を望める温泉宿。ちょっと笑えるロビーとレトロな部屋が落ち着きます。

旭川に訪れるたび、モーニングを食べに行く喫茶店「ちろる」。煉瓦の壁が好きなので、壁側の席に必ず座ります。

新潟〈F/style〉
新潟に行くと必ずお世話になる2人が運営している オフィス兼ショールーム。彼女たちの考えと作っているものが好き。

素敵な建物があるのを知ると行ってみたいし、中に入ってみたくなります。
そしてインパクトのある壁を見つけると、写真に収めたくなります。

北海道・白老町。巨大シャケと熊のインパクトがすごい（笑）。蟹御殿、やることが大きい！　北海道ならではの建物。

札幌〈ニューオータニ イン〉
札幌の定宿はいつも「ニューオータニ イン」。写真映えするカーペットと椅子でいつも記念撮影。

沖縄・名護市役所。遺跡のような建物は沖縄建築でよく使われているコンクリートブロックを2色使っているそう。

新潟〈カトリック新発田教会〉
アントニン・レーモンドによる設計。窓に和紙でステンドグラスのようなデザインが施されている。

長崎〈日本二十六聖人記念館〉
二十六聖人殉教の地に建つ資料館。長崎の隠れキリシタンの歴史が分かる小さな記念館は建物も素敵。

福山・神勝禅寺〈禅と庭のミュージアム〉
なかなか普段触れることがない禅の世界ですが、ここは開放的で頭と心が喜ぶ感じの場所。

LANDSCAPE

風景と名所

鹿児島。オフィスから見える桜島。12月の17時過ぎでもこんなに明るい。四季折々訪れているけれどこんな桜島の風景は希少かも。

瀬戸内海。マリンライナーに乗ると必ず瀬戸大橋を渡る動画を撮りたくなります。何度も乗っていますが、幸運なことにお天気に恵まれます。

北海道・美瑛〈青い池〉
イベントの合間に時間が出来たので友人の車で観光へ。本当に池が青々していたことにはびっくり。

子どもの頃に住んでいた場所から出来たばかりの霞ヶ関ビルが見えて、これからビルが続々出来るらしいよーと呑気に言っていた時代から考えると、驚くほど高層ビルだらけになりました。
今や東京の風景の代表といえば、高層ビルなのかもしれません。
訪れる旅先でも、好きだった街並みは残念ながら年々少しずつ変わってきています。
でも、変わらずにある自然、山や海、公園や神社仏閣などの名所、凛として清々しく気が良いとされる場所が好きで、滞在する度に毎回訪れています。
東京にいる時よりも遠くをゆっくりと眺めていることが多い気がしますね。

札幌〈北海道大学植物園〉
札幌は6月か8月に行くことが多い。そのたびに植物園に行ってエネルギーをチャージして来ます。

例えば山や海、防風林やお城だったり、または市場だったり、
シャッター商店街だったりと、街によって特徴的な風景はそれぞれ違います。
東京の風景を見慣れている私には、どれを見ても新鮮に思えます。

十勝の防風林。朝の連続ドラマが十勝を舞台にしている時に訪れました。フランスの田舎のような雰囲気もあります。

奈良公園。奈良と言えば“鹿”。可愛い顔で見てるだけで和みます。時期によって気が荒くなるので鹿ともキープディスタンス！

鹿児島・桜島〈有村溶岩展望所〉
桜島フェリーに乗って桜島に渡り、鹿屋に行き戻る途中に寄り道を。まさにパワースポット。

沖縄の金城町石畳道。石灰岩を敷いて造られた道は首里城から続いている道。まだまだ沖縄は未知なので、必ず再訪したい場所。

神奈川・葉山の一色海岸。夏になると友人と一緒に日焼けの為にここへ。思い切り夏を楽しめる日が来るのが待ち遠しいです。

東京〈明治神宮〉自粛期間から毎日ウォーキングをすることに。大雨が降らない限りは歩く。季節の移ろいを感じるし、気分が最高！

TRANSPORTATION

移動

公共交通機関を使って移動するのが自分たちにとっては旅の基本。
その土地の風景を眺めたり、人々の様子やお国言葉などを耳にすると旅気分が一層盛り上がります。

旅の移動は飛行機、電車、バス、たまにフェリー。特に電車は大好き。母方の祖父が日本国有鉄道の職員だったこともあり、小さな頃たまに会うと電車や線路がある場所に連れて行ってくれたり、鉄道車両の記号や数字について説明してくれたりしていました。
でもその頃はあまり興味がなくて、ふーんと聞き流していたので全く覚えていませんが、時刻表や路線図を見ながら、頭の中で想像の旅をすることや、実際に乗って楽しかったことをよく覚えています。
海外だと、パリのバスが好きで、路線図の本まで買ったりしていました。よく乗っていたのは蚤の市に行く95番のバスや、友人宅に行く39番のバス。調べてみると、現在は番号によってルートが少し変わっているところや、新しい路線も出来たみたい。また行ける日が来たら、是非乗ってみたいと思っています。

鹿児島。桜島に行く観光船にて。

タイ・チェンマイ。ソンテウ(乗り合いバス)にて。

高松から岡山へ向かうマリンライナー

特急いなほ、新潟駅から秋田駅へ。

札幌空港。改装して綺麗になって居心地よくなったラウンジ。

鹿児島の市電〈宇宿電停〉。

FUN

旅を楽しむ

同じ街に何度か訪れると、なんだか妙に気になるものや、
友人から教えてもらって以来毎回行ってみたい面白い場所があります。

鹿児島 南さつま市「007は二度死ぬ」ロケ地・坊津町。訪れた時に弟さんがこの映画のエキストラだった女性に当時の面白い話を伺うことができました。

旭川〈旭山動物園〉
子どもたちに混じって夢中に。特に好きなのはアザラシ、ペンギン、白くま、人気がなくて空いているカピバラ。

秋田・男鹿半島の入り口にある男鹿総合観光案内所。そこにある巨大なまはげスポット。巨大すぎて、なかなかの迫力!

旭山動物園にてノスタルジックなパンダの乗りものとツーショット。

北海道の小樽と言えば、裕次郎さま。等身大パネルの前で記念撮影 記念館は閉館してしまったようですがパネルは残ってるのかな?

浜松のミセスの店。綺麗で美しい風景も大好きだけれど、日常の風景にも興味あります。必ず目に付いて気になっているお店。

EPILOGUE

おわりに

この本を制作するために
2019年の8月から2020年1月下旬にかけて撮影をしていました。
撮影の合間にも頻繁に旅に出て
気がつくと、一年の半分くらい家を留守にしていました。

その後、「COVID-19」という得体の知れないウイルスが世界中で猛威を振るうことになり
緊急事態宣言が出されて
自由に移動をすることが難しい状況となりました。
まるでタイムマシーンに乗って、違う年代に来てしまったかのように、世界ががらりと変わってしまいました。
まさか、気軽に友人にも会えなくなる日が来るとは、想像もつきませんでしたから。

ステイホーム中に
早朝ウォーキングを始めました。
日々の空気、風、樹々の移りゆく姿を目や肌で感じる小さな幸せ。
毎日旅気分です。
遠くに行かなくとも、身近な場所にこんなに自然豊かな場所があると再発見できたことが、なによりも救いになりました。

緊急事態宣言が解除されてしばらく経ち、
人々は動き出しています。
私も少しずつ旅を再開しました。
でも、かなり慎重に。
マスクを着け、消毒をして
ソーシャルディスタンスを取りながら、その土地の風景を見て食事を楽しむ。そしてマスク越しではあるけれど大好きな友人たちとの語らい。

まだまだ先が見えない不安はありますが、いつかマスクを外してスキンシップしながら、大声で笑いあえる日が来ることを願います。

最後に、フォトグラファーの馬場わかなさん、大塚淑子さん、ヘアメイクの福場みどりさん、編集ライターの柿本真希さん、グラフィックデザイナーの山野英之さん、編集を担当してくださった光文社の北川編子さんに感謝いたします。

最高のチームでした。
ありがとうございました。

2020年10月　岡本 敬子

岡本敬子 おかもとけいこ

服飾ディレクター、アタッシェ・ドゥ・プレス。文化服装学院スタイリスト科を卒業後、スタイリストオフィス、大手アパレルのPR等を経て独立。2010年から、旅のミックススタイルをテーマにした自らのブランド「KO」を立ち上げる。現在はセレクトショップ「Pili」のディレクターとしても活躍。

好《す》きな場所《ばしょ》へ自由《じゆう》に行《い》きたい

2020年10月30日　初版第1刷発行

デザイン　TAKAIYAMA inc.
撮影　馬場わかな（鎌倉、東京、盛岡 - 山形、物撮影）、大塚淑子（鹿児島）
ヘア&メイク　福場みどり
構成・ライティング　柿本真希

著者　岡本敬子
発行者　田邉浩司

発行所　株式会社 光文社
〒112 - 8011
東京都文京区音羽1-16-6
電　話　編集部 03-5395-8172
書籍販売部 03-5395-8116
業務部 03-5395-8125
メール　non@kobunsha.com

落丁本・乱丁本は業務部へご連絡くだされば、
お取り替えいたします。

組版　萩原印刷
印刷所　萩原印刷
製本所　ナショナル製本

ISBN978-4-334-95200-6

東京大学の先生伝授

文系のための めっちゃやさしい 心理学

監修
下山晴彦
東京大学大学院教授

はじめに

本書は，心理学の最新動向を考慮した上で，心理学の基本を学ぶために編まれた入門書です。本書では，非常に多様なテーマが扱われています。たとえば，性格，発達，社会，経済，認知，健康，臨床等々です。**このように心理学のテーマが多様なのは，“心”が私たちの生活すべてに関連しているからです。**

私たちは，自分自身のことに関して，人との関係に関して，社会や将来のあり方に関して，あるいは環境に関して，さまざまな判断をして生きています。しかも，そのような判断は，個人個人で異なっていますし，時間の経過の中で変化します。そして，それらの判断には，私たちの“心”が関わっています。**そのような“心”の動きについて科学的に研究し，その成果を踏まえて人々が幸せに，そして充実した生活を送ることができるように役立つことを目標とする学問が心理学なのです。**

ですので，心理学は，人間が関わる全ての領域に広がって発展してきています。読者の皆様は，本書を読まれることで，心理学があつかう領域の拡がりを実感していただけることと思います。**それとともに，心理学を学ぶことは，皆様自身の生き方や生活のあり方を豊かなものにすることにつながります。**ぜひ，多くの皆様に，本書を通して心理学の魅力に触れ，さらに心理学の多様な世界に入ってきていただけることを願っております。

なお，現代心理学は実に多様な領域に展開しており，私一人ではとても全ての内容をカバーできませんでした。そこで心理学の学問体系の全体について詳しい宮川純先生（河合塾KALS）にご協力をいただきました。記して感謝致します。

監修
東京大学大学院教育学研究科教授
下山 晴彦

目次

0時間目 イントロダクション

STEP 1

心理学ってどんな学問?

1 時間目 性格と心の発達の心理学

STEP 1

性格の心理学

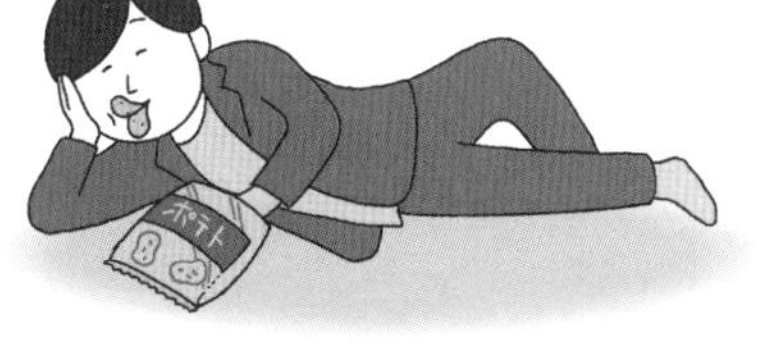

STEP 2

子どもの心，大人の心

2 時間目 社会の中での心理学

STEP 1

人間関係の心理学

STEP 2

集団に流されてしまう心理

3時間目 損得勘定の心理学

STEP 1 どちらが得かを決める心の動き

4時間目 記憶と思いこみの心理学

STEP 1

外の情報を感じとる心のしくみ

STEP 2

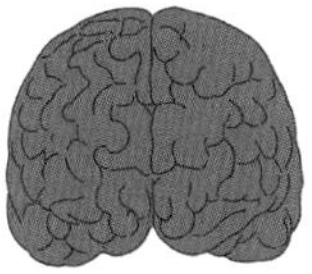

ゆがめられる記憶

5時間目 心の健康をあつかう臨床心理学

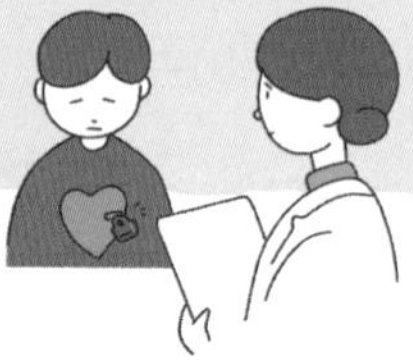

STEP 1

心を支援する臨床心理士と公認心理師

STEP 2

さまざまな心の不調

とうじょう じんぶつ

下山晴彦 先生

東京大学で臨床心理学を
教えている先生

さえない文系サラリーマン（27才）

0時間目

イントロダクション

STEP 1

心理学ってどんな学問？

心理学とは何でしょうか？ 心理テストや読心術とは何がちがうのでしょうか？ ここでは，心理学の発展の歴史とともに，心理学がどのようなものかを紹介します。

心理学とは，人の心を科学的に理解する学問

先生，聞いてください！　テレビに「人の心が読める」っていうすごい人が出てました！
ほかの出演者の考えていることをずばずばあてて，すごかったなぁ～。
心理学を勉強すれば，テレビに出てた人みたいに，人の心を読んだり，操ったりできるようになるんでしょうか!?

えーっと，残念ながら，それは不可能です。
読心術や，心を操るマインドコントロールとよばれるものは，大学で学んだり研究したりする心理学とはちがうんです。

えー，心理学とはちがうんですか!?
じゃあ，いったい心理学って何ですか？

心理学というのは，人の心のしくみを，科学的な手法を使って明らかにしていく学問なんです。

心のしくみを明らかにする!?

なんだかすごいですね！　私も自分の心のしくみを知りたいなぁ。
でも，心って見ることもさわることもできませんよね。科学的な研究なんてできるんですか？

もちろん，心そのものを測定することはできません。でも，**行動**は見たり測定したりすることができます。
目に見える形であらわれる行動を観察・測定し，その行動を生みだした背景にある心のしくみを推測する。それが心理学なんです。

日常生活のさまざまな行動

行動から心を推測するのか～。

はい。
たとえば，先ほどの読心術は，科学的な方法ではなく，個人の主観や思いこみにもとづいたものが少なくありません。こうしたものは心理学とはよべません。

心理学を極めても，人の心を読めるようになるわけではないんですね。
でも，「心のしくみを科学的に明らかにする」っていうことに，すごく興味がわいてきました！
ただ，科学的に明らかにするってどういうことなんだろう……。

正しい心理学とあやしい心理学

インターネットなんかで心理テストとか心理占いっていうのをよく見かけます。
あれと心理学ってどうちがうんですか？　それとも同じものなんでしょうか？

まったくの別物です！
心理学の研究でわかるのは，**多くの人に共通する性質や傾向**なんですね。多くの人にあてはまるからといって，目の前の相手にもあてはまるとは限らないんです。また，人の心は，過去の経験や環境に影響されながら変化していきます。経験や環境からの情報をどのように切り取り，解釈するかも，個人ごとにちがうんですよ。

じゃあ，心理学ではどうやって個人の心の性質や傾向を見抜くんですか？

心理学の専門家が，臨床の場や教育の場で，患者や子どもなど相談者一人一人の心の特徴を理解しようとするときには，対話をしたり，**心理検査**とよばれるテストを行ったりして，その人の心の特徴を**査定（アセスメント）**します。

ふむふむ。

そして，対話内容やテスト結果を分析するときには，過去の数々の事例データを参考にします。それらの結果を総合的に判断し，相談者の心の性質についての仮説を立てながら心理療法などの心理支援を実施し，必要に応じて仮説を修正していくんです。

選択肢をいくつか選んで，パッと答えが出る心理テストとかとは全然ちがいますね……。

そうでしょう？　人の心はたいへん**複雑**なので，心理学の専門家であっても，人の心をすべて見透すようなことはできないんですよ。

残念なような，自分の心を丸裸にされなくて安心するような……。複雑な気持ちです。

対話や心理検査は，一見，いわゆる心理テストなどと似ているように感じるかもしれません。ですが，そういった心理学の専門家が相談者の心の理解に役立てるためのツールには，共通する**三つの特徴**があるんです。

三つの特徴？

まず，測定したいものをきちんと測定できている**妥当性**。次に何度測定しても同じ結果が出る**信頼性**。そして測定方法に誤りがあることを第三者がチェックできる**反証可能性**です。

妥当性，信頼性，反証可能性，か。

これらの特徴をそなえたツールが，心理学の分野で有効だといえます。
ところが，インターネットや雑誌にある**心理テスト**や**心理占い**といったものの大半には，これら三つの特徴がそなわっていません。

でも，心理テストをやってみて，こわいくらい「あたってる！」って思うこともありますよ。

ふふふ，それにはざっと二つの理由が考えられます。

えっ，理由があるんですか？　教えてください！

まず一つ。
人には，自分に都合がよい内容や信じたい内容だけを強く覚えておくような性質があるためです。このような性質を**確証バイアス**といいます。
たとえば，占いで「将来よいことがおこる」といわれたとします。その後，よくない出来事がたくさんあったとしても，よい出来事だけが強く印象に残り，結果的に「占いがあたった」と判断することになるんですね。

いわれてみると，確かに……。

もう一つの理由は，テストや占いの結果の多くが，だれにでもあてはまるような曖昧な内容であるためです。**人は，だれにでもあてはまるような内容でも，自分だけにあてはまると考える傾向があるんです。**これを**バーナム効果**といいます。

確証バイアスとバーナム効果…。

以上の理由で，心理テストや占いを，「あたっている」と思いやすいんです。もちろん，エンターテイメントとして楽しんだり，それによって元気づけられたりすること自体には十分価値があると思いますよ。

そうですよね！　友達と心理テストとかやってワイワイ騒ぐの楽しいですもん。

しかし，「心のすべてを見透かせる」とうたっているサービスや，有効な根拠がない診断や占いは，本物の心理学とは**別物**と心得ておいてください。

心理学には，さまざまな研究分野がある

一口に心理学といっても，**数多くの分野**があるんですよ。

へぇ～。どんな分野があるんですか？

次の図は，主な心理学の分野を示したものです。

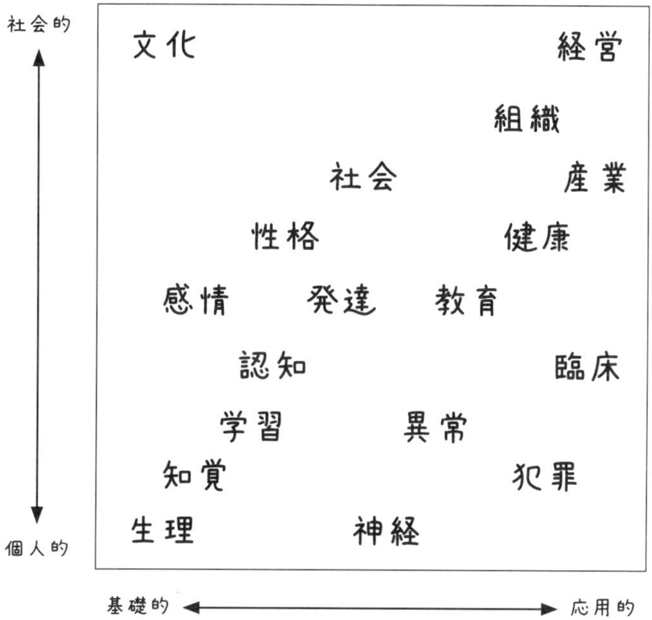

たくさんあるんですね！

はい。
心の性質を明らかにする**基礎的な分野**もあれば，実生活の中でおきる問題に対処するための**実践的な分野**もあります。
また，**個人の心**を対象とする分野もあれば，**集団や社会全体の心**を対象とする分野もあるんです。

具体的に，それぞれ何を研究するんでしょうか？

主要なところでいうと，たとえば**性格心理学**は，個人の性格の成り立ちやパターンの理解を深める学問です。
それから，**社会心理学**は，集団の中での人のふるまいや考え方のくせなどを明らかにしていきます。

ふむふむ。

そして**発達心理学**では，年齢ごとの心や性格の発達・変化についての理解を深めます。
臨床心理学では，心の病や社会への不適応の悩みを解決するために，心理支援の方法を生みだしていきます。

あっ，そういえば，課長が21ページの図に載ってた**経営心理学**の本を読んでいました。

ふふふ，そうですか。
図に挙げた分野のほかにも，人の心のはたらきは進化の過程で獲得されたものであると考える**進化心理学**や，人が置かれた環境と心の関わりを重視する**環境心理学**などもあるんですよ。

進化や環境も！ 幅広いなあ。

それから，研究に用いられる手法で心理学を区分することもあります。
たとえば実験を使った心理学はまとめて**実験心理学**とよばれます。

分け方もいろいろあるんですね。

ええ。このように心理学は，さまざまな角度から人の心のはたらきを科学的に明らかにしようとしているんです！
この本では，1時間目に，主に個人を対象にした性格心理学や発達心理学の話題を取り上げます。そして2時間目に社会心理学，3～4時間目に認知心理学，5時間目に臨床心理学を紹介します。

楽しみです！

心理学は，データの収集にはじまる

心理学では，どうやって心のしくみを研究していくんでしょうか？

先ほど説明した通り，心理学では，行動として表に出てくる**データ**を集め，それをもとにして，心に関する**仮説**を立てていきます。

データを集める？　どうやって？

データを集める手法としてよく使われているのは，**実験法**，**質問紙調査法**，**観察法**，**面接法**の四つです。順を追って見ていきましょう。

お願いします！

まず一つ目の**実験法**は，対象となる人，あるいは動物に，さまざまな刺激や条件をあたえ，その結果生じる行動を観察・記録するというものです。

へぇ！　まさに「実験」という感じなんですね。

実験法は，主に，人々に共通する心の基礎的な性質を調べるときに使われる方法です。
現実場面は，さまざまな要因が関係して成り立っています。そのため現実場面の複雑な要因の影響を受けないように，データ収集の場の条件を統制するのが実験です。

また，実験参加者の個人差やかたよりの影響をなくすように，**実験で得られたデータは統計的な処理をされます。**このようにして，特定の要因と結果の因果関係を明らかにしていくんです。

かなり**厳密**なんですねえ。

実験が現実場面の条件を統制するのに対して，現実場面の，ある側面の特徴を適切に抽出するようにデータ収集の場を設定するのが**調査法**です。
調査法の中でも調べたい側面に関する質問項目を記載した質問紙を用いるのが**質問紙調査法**です。

質問紙？
アンケートのようなものでしょうか？

ええ。質問紙への回答は，郵送やインターネット経由で行う場合や，参加者と直接対面して行う場合があります。
なお，対面し，直接質問する方法は，面接調査法とよびます。
また，質問紙は，自由に記述する形式のものや，あたえられた選択肢の中から回答を選ぶ形式のものなどがあります。

質問紙調査法　質問紙を用いて調査を行う。

質問紙調査法には，**調査が行いやすい**というメリットがあります。一方で，参加者が意図的に**回答を操作できる**というデメリットもあります。

本当は「はい」だけど，意図的に「いいえ」と嘘の答えを書くことができるということですね。

そうなんです。また，質問のしかたによって特定の回答が誘導されたりしないよう，注意する必要があります。

いろんな配慮をしなきゃいけないんですね。

三つ目は，観察法とよばれる方法です。
学校や職場など，人々の日常に密着したり，決められた実験環境の中での人々のようすを観察したりするんです。実験法とも似ていますが，積極的に刺激をあたえるわけではない点がことなります。

バードウォッチングならぬ人間ウォッチングですか。

観察法は，主に，特定の状況での人々のふるまいの特徴などについて，新しい仮説を立てたいときに使われる方法です。

観察法　特定の状況での人々のふるまいの特徴などについて，新しい仮説を立てたいときに使われる。

観察って，実際にはどんなふうに行われるんですか？

音声録音やビデオ録画を行いながら，現場でデータを収集し，行動や話された言葉などをもとに分析を行います。研究者自身が集団の活動に参加する場合もあれば，第三者の視点で観察を行う場合もあります。
いずれの方法をとるにせよ，研究者の主観を排除して状況を客観的に分析することが求められます。

なるほど。**客観的な分析**が大事，と。

最後の四つ目は，**面接法**です。
面接法では，研究者と参加者が1対1，または集団になって話し合いを行います。
面接法は，研究者が人々の考えや行動の裏にある理由を探りたいときや，同じ問題を抱える参加者どうしが語り合うことで，心の問題をいやしていく手段として使われる方法です。

心の問題かぁ……，悩みを聞いてもらっただけで，不思議と気が楽になったりしますもんね。

そうですね。
面接法の特徴は，質問紙調査法や観察法よりも，人々の本音に近い意見が出てきやすいことですね。
ただし，面接法で話された内容を研究で使う場合は，二人の研究者で分析を行うなどして，データの**信頼性**を高める工夫が必要です。

面接法　人々の考えや行動の裏にある理由を探りたいときや，同じ問題を抱える人どうしが語り合うことで，心の問題をいやす手段として使われる。

心理学は，研究の目的に応じて，これらの方法を使い分け，仮説を立てたり，仮説を検証したりしながら，研究を進めていくんです。
さらに，得られたデータを分析する際には，**統計学**が欠かせません。

統計学が？

はい。同じ刺激があたえられても，人間はだれもが同じ行動をとるわけではありません。心理学では，統計学を使って，その**ばらつき具合**を調べるんです。ばらつきが小さいほど，多くの人にあてはまる確率が高いということになります。
そして，**人の行動を確率的に理解できるようになることが，心理学の基本的な目標の一つです。**

人によって心理や行動はちがうから，その傾向を確率でとらえるんですね。ばらつきがなく，すべての人にあてはまることなんて，ありえないってことですね。

まさにそういうことです。
「必ずこうなる」と断定的に主張しているものは，心理学とはいえないのです。

100年ほど前に心理学が生まれた

ここで，心理学がいかにして発展してきたのか，その歴史をおおまかに見ていきましょう。

はい！　ぜひ知りたいです。

心のはたらきを科学的な方法で探究しようとする心理学が誕生したのは，19世紀のことです。
心理学誕生のきっかけの一つが，ドイツ，ライプツィヒ大学の解剖学教授だった**エルンスト・ヴェーバー**（1795～1878）による，感覚の研究でした。

感覚の研究？

はい。ヴェーバーは，**刺激**，たとえば「手のひらに乗せるおもりの重さ」に対する感覚の変化を調べる実験をくりかえしました。おもりを何グラム増やせば，おもりが増えたことに気づくかを調べたんですね。

すると，変化に気づくのに必要な刺激の最小量（増やすおもりの重さ）は，基準となる刺激（もとの重さ）の大きさに比例することがわかったんです。

エルンスト・ヴェーバー
（1795～1878）

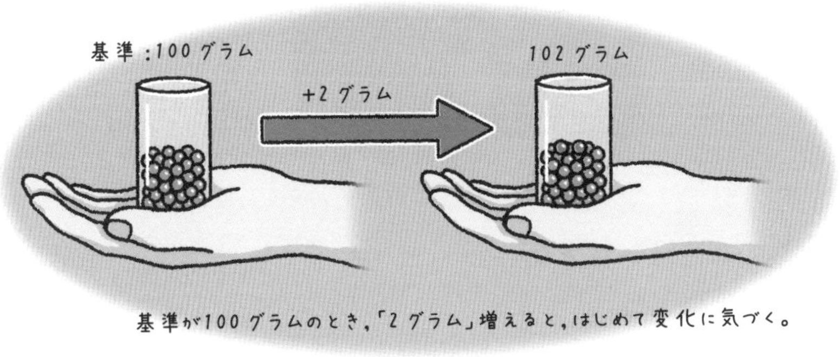

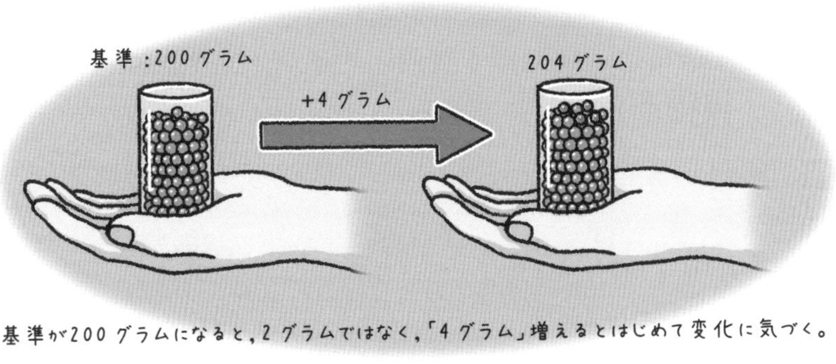

この研究は，ライプツィヒ大学の物理学教授**グスタフ・フェヒナー**（1801 〜 1887）に引きつがれ，やがて刺激と感覚の対応関係を数式であらわした**ヴェーバー・フェヒナーの法則**が発見されました。
主観的なものである人間の感覚が，実験を通じて数値化され，科学的な研究の対象となったのです。

グスタフ・フェヒナー
（1801 〜1887）

心のはたらきの一端を科学でとらえることに成功したわけですね。

はい。
実験によって感覚を数値化するフェヒナーらの研究は**精神物理学**とよばれました。

これに影響を受けたのが，ライプツィヒ大学の哲学教授だった**ヴィルヘルム・ヴント**（1832～1920）です。ヴントは，「原子が結びついて物質になるように，心も要素どうしが結びついたものである。だから，意識や感情といった心のはたらきも，実験を使えば数値化でき，科学的に研究できるようになる」と考えました。この立場を**構成主義**といいます。

そしてヴントは1879年，ライプツィヒ大学に世界ではじめての「心理学実験室」を開きました。これが，**近代的な心理学の誕生**とされています。

ヴィルヘルム・ヴント
（1832～1920）

ポイント！

構成主義

原子が結びついて物質になるように，心は要素どうしが結びついたものだという考え方。

えーと，日本だと明治時代ですかね？

そうですね。
ヴントの実験は，ある刺激をあたえられた実験参加者が，自分の意識の中でおこっている過程を報告する**内観法**という方法を使って行われました。

うーん，自分で意識の中でおこっていることを報告するなんて，ずいぶんむずかしそうです……。

ええ，実際にそうなんです。
自己観察できる心のはたらきには限界がありますし，そもそも動物や赤ちゃんは自己観察することなどできません。
そこで，20世紀に入ると，アメリカの心理学者**ジョン・ワトソン**（1878～1958）らにより，はっきりと客観的に観察できる「行動」を重視して研究を行おうとする動きが強まりました。このような立場を**行動主義**といい，20世紀前半の心理学の主流になっていきます。

ポイント！

行動主義

客観的に観察できる「行動」のみを重視するべき，という考え方。

「パブロフの犬」と「アルバート坊やの実験」

行動主義に影響をあたえた，有名な実験があります。
ロシアの生理学者**イワン・パブロフ**（1849～1936）が行った，有名な**パブロフの犬の実験**です。

パブロフの犬！ 名前は聞いたことあります。

そうでしょう。
パブロフは，犬にえさをあたえると同時に，メトロノームの音をくりかえし聞かせる実験を行いました。すると犬は，えさがなくても，音だけで唾液を出すようになったんです（次のページのイラスト）。
つまり，「音」という刺激と「唾液が出る」という反応が結びついたんですね。
これを心理学では，**条件づけ**といいます。

イワン・パブロフ
（1849～1936）

パブロフの犬の実験

えさをあたえると
唾液が出る

えさをあたえるのと同時に、
メトロノームの音を聞かせる

メトロノームの音を
聞いただけで、唾液が
出るようになる

これがパブロフの犬か～。

ええ。
ワトソンは，この，パブロフが明らかにした条件づけを基本とする「学習」が，**人でもおきる**ことを実験で示しました。それが，1920年に行われた**アルバート坊やの実験**です。

アルバート坊や？

アルバートというのは，実験の被験者である生後11か月の男の子の名前です。
アルバートはもともと，ネズミを見せてもこわがりませんでした。しかし，ネズミを見せるのと同時に，大きな音を鳴らしてくりかえしこわがらせた結果，アルバートはネズミをこわがるようになったんです（次のページのイラスト）。

坊やはネズミがこわくなかったのに。なんだか残酷だなあ。

この結果は，条件づけによる学習が人間でもおきることを示しました。ワトソンは，「私に赤ん坊をあたえれば，医者にでも芸術家にでも泥棒にでも育ててみせる」と豪語したといいます。

うわぁ……。 かなりひどい実験じゃないですか。
こんなことやってもいいんでしょうか？　成長してからいろんな影響が出そうですけど。

アルバート坊やの実験

はじめはネズミを
見てもこわがらない

ネズミを見せるのと
同時に，大きな音を
聞かせて
こわがらせる

ネズミを見ただけで
こわがるようになる

アルバート坊やの実験は，当時も物議をかもしました。もちろん，現在ではこうした実験は倫理的に許されるものではありません。

心理学に新しい流れを生んだ「ゲシュタルト心理学」

アメリカで行動主義の心理学が盛んになったころ，ドイツでも心理学の新しい潮流が生まれます。それが**ゲシュタルト心理学**です。

ゲシュタルト心理学は，人の反応が，周囲の環境全体によって決まるという考え方です。

げしゅたると？

はい。ゲシュタルトとは，ドイツ語で**形態・かたち**という意味です。次のイラストを見てください。

1のイラストには三角形が，2のイラストには球があるように見えますね。

そうでしょう！
存在しないはずの図形が知覚されるんです。
このように，**形の知覚をはじめとするさまざまな心のはたらきは，要素の単純な組み合わせでは説明がつかず，要素の置かれ方を含む「環境全体」によって生じる**と，ゲシュタルト心理学では考えます。

たしかに，1のイラストの場合，円に切れ込みが入った三つの図形を適当に置いただけでは，三角形は見えないはずですよね。

ええ，そういうことです。
では，今度は42ページのイラストを見てください。

1

2

素敵なつぼですね。

ここで，中央に置かれたつぼの，左右の輪郭に注目してみてください。

輪郭に注目？　えーっと……。
おわっ！　向かい合った人の顔があらわれました！

ふふふ！　このイラストは，**ルビンのつぼ**といわれるものです。つぼにも，向かい合った人の横顔にも見えるんです。輪郭の外側を背景ととらえるか，それとも内側を背景ととらえるかによって知覚の結果がことなるため，要素が置かれた環境を重視するゲシュタルト心理学の研究対象となったんです。

ルビンのつぼ，面白い！

このように，環境全体を重視するゲシュタルト心理学の研究から，「人は一人のときと集団の中にいるときとでは，ふるまいがことなる」といったことが明らかになりました。これが**社会心理学**が発展するきっかけとなったんです。

なるほどー。まわりのいろいろな環境を含めて考えないといけないってことですね。

ええ。
しかし，ドイツのゲシュタルト心理学は，ナチス・ドイツの台頭にともない，衰退してしまいます。

迫害から逃れるため，ユダヤ系ドイツ人の研究者たちは，アメリカなどに亡命しました。
こうして以降の心理学の中心地はアメリカになったんです。

そうだったんですね。もったいない。

とはいえ，ゲシュタルト心理学の成果は，知覚を対象とした「認知心理学」や，「社会心理学」に受け継がれていきました。
今の心理学の中に，しっかりと息づいているんですよ。

心理学の巨人たち

心理学っていうと，**フロイト**，**ユング**，**アドラー**という3人の心理学者の名前を聞いたことがあります。といっても名前だけしか知りませんが……。
この人たちはいったい何をしたんでしょうか？

彼らは，心の病気をあつかう**臨床心理学**に貢献したんです。臨床心理学は，19世紀の終わりごろに大きな発展を見せました。
きっかけとなったのは，オーストリアの精神科医である**ジークムント・フロイト**（1856～1939）が，**精神分析**をはじめたことです。

精神分析？

ジークムント・フロイト
（1856～1939）

精神分析は，心理的苦悩を緩和するために，その人の主観的な心の世界を分析していく方法です。
フロイトは，当時**神経症**とよばれていた病気の人々を治療する中で，**無意識**に着目しました。

むいしき？

はい。フロイトによると，人の精神構造は，「意識」，「前意識」，「無意識」の三つの領域に分かれています。
そしてフロイトは，無意識には，自分にとって都合の悪い記憶や感情が封じこめられており，これらが病気の原因になっていると考えました。
この**無意識に潜んでいる記憶や感情を自覚できれば，心理的苦悩にともなうさまざまな症状が緩和される**と考えたのです。

こうして誕生した治療法が**精神分析**です。

いったいどうすれば無意識に潜んだ記憶や感情を引っ張りだすことができるんでしょうか？

フロイトは，患者を横たわらせて自由に語らせる**自由連想法**や，患者の見た夢を分析する**夢分析**を用いながら，患者の無意識の中にある欲求や葛藤を，患者に自覚させるようにしていました。

こんな方法で，無意識に潜む記憶がわかるんですね。

精神分析の結果が，本当に無意識に潜む記憶を反映したものなのかはわかりませんが，当時は神経症の治療として一定の効果が認められていました。

ちゃんと効果が認められていたんですね。

さらにフロイトに影響を受けて，のちに独自の理論をつくりだした心理学者が，スイスの精神科医**カール・グスタフ・ユング**（1875 ～ 1961）と，オーストリアの精神科医**アルフレッド・アドラー**（1870 ～ 1937）です。

カール・グスタフ・ユング
（1875 ～1961）

アルフレッド・アドラー
（1870～1937）

二人とも出てきた！

まずユングは，無意識の中には，**個人的無意識**のほかに，より深い領域にある，人類に共通した**普遍的無意識**があると考えました。

無意識にも種類があるのか。

神経症よりも重篤である**統合失調症**の患者には，一般の人には妄想やとっぴな話として受け取られるような話をするという特徴があるんです。
ユングは，彼らの語りの中に，世界の神話や伝承と共通する要素を見いだしたんですね。

すごく不思議……。

ユングは，そうした症状は，普遍的無意識のあらわれだと考えるようになりました。
そして，このユングの考え方は，治療だけでなく，**文化や社会のなりたち**にも深い洞察をあたえました。

患者の治療から，大きく飛躍したんですね。

三人目のアドラーは，個人の心理が社会環境に影響を受けることを強く意識した**個人心理学（アドラー心理学）**を創始した人物です。
アドラーは，幼少期の親との関係性や，そこで生じた葛藤を重視しつつも，無意識の存在は想定しませんでした。

へえ！ 「無意識はない」派の人もいるんですか。

ええ。
「行動の動機は過去の抑圧された記憶にある」と考えたフロイトに対して，アドラーは，「自身の**劣等感**を乗りこえようとする気持ちこそ，人の行動の動機となる」と考えました。
そして，**人をうらむなどの劣等感が不適切な方向にはたらくと，神経症などになると考えたのです。**
そのため，劣等感の不適応な方向を適応の方向に修正することで，神経症を治療したり，生き方を改善したりすることができると考えたんですね。

劣等感ですか……。

臨床心理学の世界で提唱されている理論は，必ずしもその正しさを証明できるとは限りません。しかし，人種を問わず普遍的であることや，一人一人の患者の症状を緩和する効果があることなどから支持されています。

正しさを証明できなくても，苦しんでいる人が救われてるなら，それは十分すごいことだと思います。

ええ。現在の臨床の場では，このように発展してきた理論をもとに，一人一人に合った治療法が提供されています。臨床心理学については，5時間目でくわしく紹介しますね。

1
時間目

性格と心の発達の心理学

STEP 1

性格の心理学

「明るい」，「物静か」，「だらしない」……。人間にはさまざまな性格があります。人の性格はどのようにつくられるのでしょうか？また，心理学では，性格をどのように分析するのでしょうか？

性格の30~50%は，遺伝でつくられる

この1時間目から，心理学について本格的に紹介していきましょう。
まず1時間目STEP1のテーマは**性格心理学**です。最近では**パーソナリティ心理学**とよばれることもあります。

性格かぁ〜。気になりますね。
私には兄がいるんですが，私と兄は「性格がよく似ている」っていわれるんですよ。
性格っていつ，どうやって決まるんでしょう？

性格をつくる要因については，昔からさまざまな説が唱えられてきました。
おおまかには，遺伝によって生まれながらに性格が決まっているという**生得説**と，生まれたあとに過ごす環境によって性格が形づくられるという**経験説**に分かれます。

生まれか，育ちか……。

心理学が誕生した19世紀末から20世紀はじめにかけては，イギリスの自然科学者**チャールズ・ダーウィン**（1809～1882）が提唱した**進化論**の影響を受けて，人間の性格もまた**遺伝する**という**生得説的**な考え方が強く支持されました。

ふむふむ。

このような説を唱えた科学者には，ダーウィンの従兄弟にあたる**フランシス・ゴルトン**（1822～1911）などがいます。
ゴルトンは，「すぐれた遺伝子」だけを後世に残すことをめざす**優生学**の創始者でした。この学問は，悲しいことに，ナチスによる障害者やユダヤ人の大量虐殺を招いた一因ともなったんです。

フランシス・ゴルトン
（1822～1911）

ええっ!?

そのため，彼が支持した生得説も，第二次世界大戦後には下火となり，経験説が優勢になっていったのです。

そんな歴史があったんですか……。

現在では，生得説も経験説もそれだけでは「性格の元」を説明することはできず，性格は遺伝と環境の両方の影響を受けてつくられるという相互作用説が広く受け入れられています。

どちらも大事ってことですね。

ふふふ，そうですね。
たとえば，最近の研究では，**性格のおよそ50%は遺伝的な要因で，残りの約50%は環境的な要因でつくられる**という結論になっています。

ちょうど半々なんですか！
でも遺伝か環境かなんて，そんなこと，どうすれば調べられるんですか？

性格心理学では，双子を観察する手法がしばしば行われています。

双子を!?

ええ。双子には一卵性と二卵性とがあります。一卵性双生児は，1個の受精卵が細胞分裂の途中で2人の胎児として育った双子で，完全に同じ遺伝子をもっています。

遺伝子が完全に同じ……。

はい。
これに対して，**二卵性双生児**は，2個の受精卵が母胎内で同時に育った双子です。
一卵性とはちがって，その遺伝子は普通の兄弟と同じ程度にしか似ていません。

ふむふむ。

同じ家庭で育った双子であれば，環境の影響はほぼ同じと考えらます。
そこで，**性格の差を一卵性双生児と二卵性双生児とでくらべれば，性格に遺伝が及ぼす影響だけを抜きだして見積もることができるわけです。**

はぁー！　なるほど！

次のページのグラフは，双子の性格や知的能力がどのくらい似ているのかを，一卵性・二卵性それぞれについて調べた結果を示したものです。
すべての項目で，一卵性双生児のほうが二卵性双生児よりも類似度が高いことがわかりますね。

双子の性格はどれくらい似ているか?

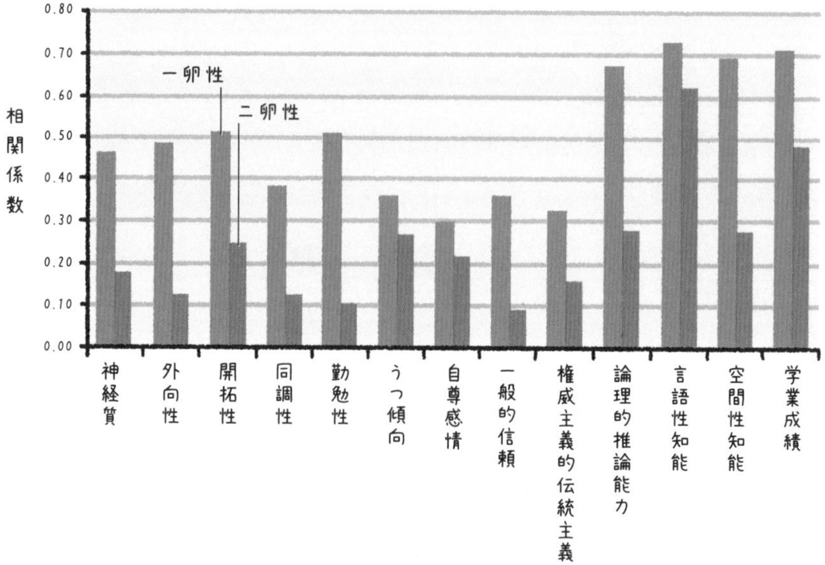

出典：安藤寿康，行動の遺伝学ーふたご研究のエビデンスから，日本生理人類学会誌，2017，22巻，2号

本当だ。
ということはつまり，**性格はけっこう遺伝する……？**

はい。とくに，**勤勉性**や**論理的推論能力**といった項目は，一卵性では類似度が高く，二卵性では低いことから，こうした性質は遺伝がかなり強く影響するといえますね。

はぁ～（ため息），ビックリです……。

ふふふ，驚いていただけてなによりです。

あっ，でも，性格は遺伝だけで決まるわけじゃないっておっしゃってましたよね。
遺伝するのは50％で，残りの50％は環境が影響するんでしたっけ？

その通り！　こちらは，先ほどのグラフの結果をもとに，性格や知的能力を形づくるうえで遺伝と環境がそれぞれどのくらい影響しているかを求めたものです。

遺伝と環境（共有環境と非共有環境）の影響は何パーセント？

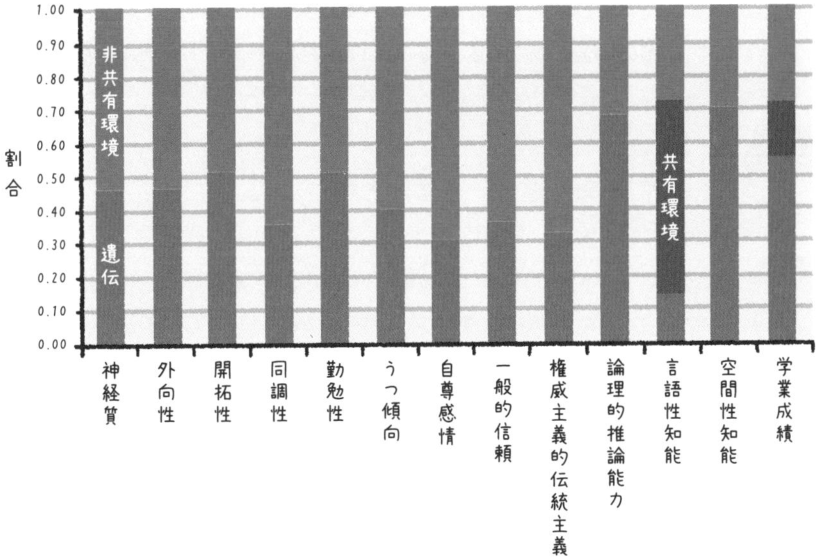

出典：安藤寿康，行動の遺伝学ーふたご研究のエビデンスから，日本生理人類学会誌，2017，22巻，2号

えーと，この共有環境と非共有環境というのはなんでしょう？

共有環境は，双子の二人が同じように経験した環境，つまり家庭環境や家族の影響を示すものです。
一方，**非共有環境は，学校や職場など，双子がそれぞれことなる経験をした環境の影響を示すものです。**

そういえば，学校では，双子の子って大体クラスが別でした。双子だからといって，いつも一緒なわけないですもんね。

ええ。社会に出ればなおさらです。
それでですね，このグラフを見ると，性格や知的能力に遺伝があたえる影響は30～50％で，残りは主に家庭以外の環境の影響で形づくられることがわかるわけです。

本当だ……。
家庭環境の影響って，意外と小さいんですね。

ただし，例外的に，言葉に関わる能力や学業成績については，家庭環境の影響が大きいという結果が見られますけれどね。

性格を分類するには？

人の性格って千差万別ですけど，心理学では性格をどのようにしてとらえるんでしょうか？

人間の性格は多種多様で**複雑**です。多くの人の性格を総合的に研究するためには，何らかの方法で客観的にまとめたり表現したりする必要があります。
そこで，多様な性格をとらえる方法の一つとして，**タイプ分け**が使われます。

あっ，そういえば，ネットの心理テストで「あなたは社交的なタイプ！」って診断されたのを覚えています。
そんな感じですか？

ネットの性格占いには科学的根拠はありませんが，人がもつさまざまな性格を「○○型」のように，いくつかの**タイプ（類型）**に分類して理解しようとするやり方は，心理学の分野で昔から行われてきたんですよ。この手法は**類型論**とよばれます。

へぇ～！

古代から現代まで，さまざまな類型論が考えだされてきました。
次のページの表は，類型論を提唱した代表的な３人の心理学者と，それぞれの考えをまとめたものです。

ガレノス
（古代ギリシア，129～200ごろ）

体内に存在すると考えられていた4種類の体液（血液・胆汁《たんじゅう》・黒胆汁・粘液《ねんえき》）のうち，どれが強く作用するかに応じて「多血質」，「胆汁質」，「憂鬱《ゆううつ》質」，「粘液質」という4種類の性格があらわれると考えました。

エルンスト・クレッチマー
（ドイツ，1888～1964）

人の体型とその人がかかる精神病との間に関係があると考え，「躁鬱《そううつ》気質」，「分裂《ぶんれつ》気質」，「粘着気質」という3種類の性格類型を提唱しました。

カール・グスタフ・ユング
（スイス，1875～1961）

「リビドー」（心のエネルギー）が内面に向かうか外面に向かうかによって，性格を「内向型」，「外向型」の2種類のタイプに分け，これに思考・感情・感覚・直観という4種類の精神の機能を組み合わせて計8種類の性格類型に分類しました。

さまざまなタイプ分けがあるんですね。

はい。ただし，類型論で性格をタイプ分けする方法はシンプルでわかりやすいものですが，人のもつ性格をくわしく調べようとする場合には，この方法ではどうしても**限界**があるんです。

限界，ですか？

はい。たとえば，**外向的**と**内向的**という類型を用意してここにあてはめるだけでは，両方の中間に位置する人の性格をあらわすことができないわけです。

ああ～！　そりゃそうですよね。

そこで，性格にあらわれるさまざまな特徴（特性）に着目し，その人の性格の中にそれぞれの特性がどのくらいよく見られるか，**特性の量**で性格をあらわすという方法が考えだされました。

特性の量？
具体的にはどういう感じなんでしょう？

「好奇心が強い」，「真面目」，「やさしい」などのさまざまな特性を，その人がどれだけもっているか，特性ごとに**得点**をつけていくんですね。

その人のことをよりくわしく理解できそうです。

こうした考え方を**特性論**といいます。現代の性格心理学では，特性論にもとづいて性格を分析する方法が主流になっているんですよ。

なるほど～。

あなたの性格をあらわす，「ビッグ・ファイブ」

性格の中のいろんな特性を，「この人はやさしさ5ポイント！」みたいな感じで点をつけていくのが「特性論」なんですよね。

ざっくりいうと，そうですね。

でも，性格をあらわす特徴って，「社交的」とか「怒りっぽい」とか「明るい」とか「やさしい」とか，とにかくいっぱいあるじゃないですか。
うまく人の性格をあらわせるような特性を選ぶことなんてできるんでしょうか？

いい質問ですね！
それでは，特性論のはじまりからお話ししましょう。

お願いします！

特性論にもとづく本格的な性格の理論をはじめて組み立てたのは，アメリカの心理学者ゴードン・オルポート（1897～1967）です。

オルポートさんは，どうやって性格をあらわす特性をしぼりこんだんでしょう？

彼は1930年代に，当時世界最大級の英語辞典であった『ウェブスター新国際辞典』を使い，この辞書に収録されている「人の態度や行動に関する単語」を，**約1万8000語**も抜きだして，ここから性格の特性をいくつかに分類する研究を行ったんですよ。

ゴードン・オルポート
（1897～1967）

1万8000語！ めっちゃ大変そう……。

すごいでしょう。この，**辞書の単語を利用して性格の特性をとらえるという手法は，その後の性格特性の研究の基礎となりました。**
その後，1960～1980年代には大規模な統計やコンピューターを使い，複数の研究者によって，**人の性格をあらわす単語は「外向性」，「協調性」，「良心性」，「情緒安定性」，「知性」の5種類に集約できる**という結果が得られたのです。

そこまでやってたったの5種類～!?

はい。
興味深いことに，**同じ研究手法を，英語以外の言語や文化圏で行ってみても，やはり同じような5種類にまとめられることがわかったんですよ。**

えっ……すごい！
大発見じゃないですか！

面白いですよね。このことから，**この五つの性格特性は言語や文化にかかわらず，人間の性格に共通する性質なのではないかと考えられています。**
この5種類の特性のことをビッグ・ファイブとよび，この5種類の特性で人の性格を表現できるとする理論をビッグ・ファイブ理論とよびます。

ビッグ・ファイブ！
かっこいい！
たった5個の特性で性格をあらわすことができるんですね。

ええ，そう考えられています。
このビッグ・ファイブ理論は，言語や文化圏をこえて，人間の性格を非常にうまく表現できることから，広く受け入れられているんです。

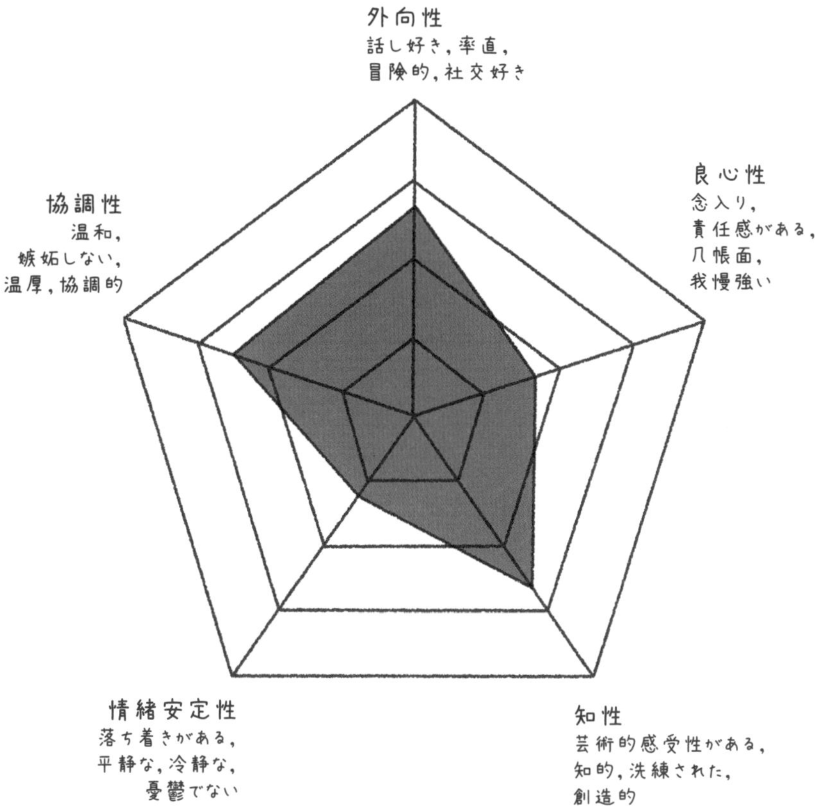

ただ，性格をあらわす基本的な特性がなぜ5個なのか，といった点については，現在のところよくわかっていません。

単純作業をくりかえす，内田クレペリン精神検査

ビッグ・ファイブについては，なんとなくわかりました。でも，個人個人の性格って，どうやったら調べられるんでしょう？

それはさまざまな方法があります。
学校や職場で，自分の性格について**アンケート形式で答える検査**を受けたことはありませんか？　就職試験で面接といっしょに**適性検査**を課されることもよくありますよね。

あ～！　やったことあります！

こうした検査は**性格検査**といい，人の性格をつかむ手法として最もよく使われています。

性格検査……そのまんまですね！

この性格検査で最も一般的な方法は，**質問紙法**です。たくさんの質問を記した紙を相手に渡して，自分にあてはまるかどうかを「はい／いいえ／わからない」の3択や，5段階評価などで答えてもらいます。

質問紙法って，0時間目に出てきた方法ですね。

ええ，心理学において広く使われる手法です。
ほかに，数字をくりかえし足し合わせるような単純作業を行ってもらい，その結果から性格を分析する**作業検査法**とよばれる方法もあります。

ひたすら計算……。あまりやりたくないなあ。

作業検査法の一つとして広く知られているのは，**内田クレペリン精神検査**でしょうか。
用紙に印刷されたたくさんの1けたの数字を足して，答の下1けたを記入する，という作業を1分間つづけ，これを15分ずつ2回行うというものです。
どうです？　やったことありませんか？

知ってます～！
私はやったことないんですけど，友達から就活のときにクレペリン検査を受けたって話を聞いて，**ゲッソリ**した経験が……。

ハハハ！
1分ごとの作業量の変化のようすや計算まちがいの量から，その人の性格や行動の特徴を測定するんですね。

自分がどんな性格なのかは知りたいけど，この検査は避けたいですっ!!

ふふふ。ほかにも，調べる対象が赤ちゃんや子どもの場合には，行動を観察することで性格をつかむ**観察法**が使われます。また，相手と直接面談し，受け答えの内容や行動から性格を調べる**面接法**もあります。

これらも，0時間目で先生の説明にあった方法ですね！覚えてます！

それから，意味合いが曖昧な言葉や絵などを見せて自由な反応を引きだし，そこから性格を調べる**投映法**とよばれる方法もあります。
投映法の例としてよく知られているのは，インクのしみの曖昧な形を見て何に見えるかを答えさせる**ロールシャッハ・テスト**でしょうか。

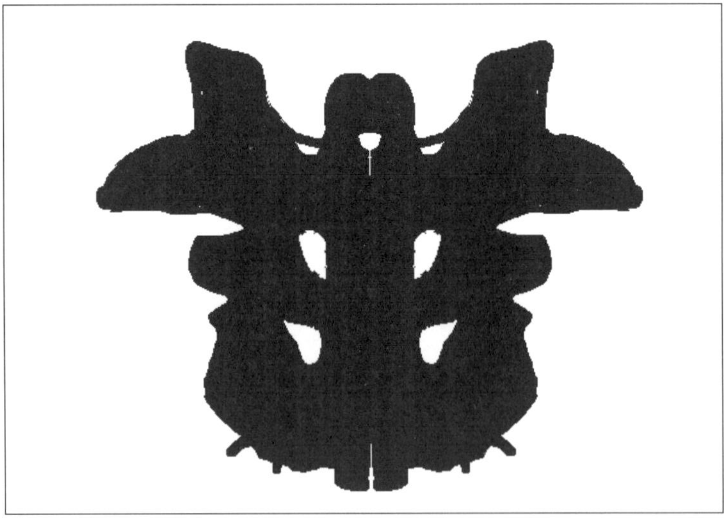

ロールシャッハ・テストのイメージ

ああ～！　見たことある！

これはスイスの精神分析家**ヘルマン・ロールシャッハ**（1884～1922）によって，1920年代に考案された検査法です。ただし，ロールシャッハ・テストは，回答内容をデータとして客観的にあつかうことのむずかしさなどから，現在ではその使用は限られています。

性格は変えられる？

性格についていろいろと教えていただきましたけど，ずっと，先生に聞きたかったことがあるんです……。ぶっちゃけ，**性格って変えられるんですか？**

あなたはどう思います？　変えられると思いますか？

うう～ん，どうなんだろう。
以前，久しぶりに会った友達の性格がガラッと変わっていて，おどろいたことがあるんです。
でも，しばらく話してると「昔と変わらないな」と思ったりもして……。よくわからないですね。

「性格の変化」については，性格心理学の研究者によってさまざまな考え方があるんですよ。

えっ，そうなんですか!?

ええ。たとえば，家ではいつもだらだらしているお父さんが，職場では非常にきちんとしているとか，ふだん温厚な人が車を運転すると急に攻撃的になる，というような話を聞いたことはありませんか？

あります～!!

このような現象を，状況によって性格が変化する**モード性格**とよぶ研究者もいます。

ま，私は家でも職場でもちゃんと一貫して，だらだらしてますけどね！

……。
それから，最愛の人を亡くす，災害や事故にあう，といった重大な出来事をきっかけに性格が変わってしまうように見えることもあり，これを**「爪痕」による性格の変化**とよぶこともあります。

悲しい変化ですね……。
ということは，性格は変化することがあるということなんでしょうか？

うーん，こうした現象は，性格の表面的な部分だけが変わっているのだという考えが主流です。

表面的な部分？

はい。人の性格は地層のようにたくさんの層からできていて，「性格が変わった」と感じられるような現象は，性格の中のごく表層的な部分だけが変わるように見えているんです。

根っこの部分は変わっていない，ということですか？

ええ。**その人の性格の根本的な部分はあくまでもビッグ・ファイブ理論であらわせるような特性で決まっていて，生涯変化しないと考えられます。**

生涯変化しないって，
重い言葉だなぁ……。

人の性格は一貫しているのか，いないのか。この議論は**一貫性論争**とよばれています。人の性格と人を取り巻く状況との関係については，現在もさまざまな見方があるんです。
ただし，**現在の心理学では，性格の最も根本的な部分は，状況によって変わることはない，という考え方が有力です。**
とくに臨床心理学の分野では，その傾向が強いといえるかもしれません。

そうなんですか。

自分の性格のせいで生きづらい思いをしている人に対しても，**性格を変えることを考えるよりは，自分の性格を正しくとらえることで，自分自身と周囲の人々や社会との間でうまく折り合いをつけて生きていく方法を考えるというアプローチが主流になっています。**

ふーむ，自分もうまくいかなかったりすると，性格から変わらないといけないと思っていました。
でも「性格は変わらない」ということを前提にしてアプローチされるんですね。

ええ。そういうことですね。

STEP 2

子どもの心，大人の心

乳児期，幼児期，青年期と，人の心は変化していきます。成人してからも心の状況は段階的に変わっていきます。そんな心の変化を研究する「発達心理学」について紹介しましょう。

人の心は生涯，成長しつづける

人は生まれてから，体だけでなく，心の状態を変化させながら生きていきます。
人の成長にともない，心がどう変化していくのかを研究するのが，**発達心理学**です。

発達か……。もう私は大人になったから，心は発達してしまって，変化しようがないんでしょうね。

いいえ，そんなことはまったくありません。
確かに，かつては，人の心理は未完成な段階から大人になって完成し，大人になったあとはさまざまな機能が低下していくだけだととらえられていました。
しかし，研究が進む中で，胎児の時期から老いて死にゆくまでの人の一生の心の変化を連続してとらえ，理解しようとする考え方が出てきました。
それが**生涯発達心理学**です。

生涯発達……？

発達というと，体や脳の機能が向上していく子どもから大人に至るまでの時期をイメージしやすいですよね。
しかし実際は，人は年をとっても，変わりゆく自分の体とうまくつき合い，まわりの環境に適応して心を変化させながら過ごしています。

私もまだまだ発達中……？

そうですとも！
発達心理学者**エリク・エリクソン**（1902〜1994）は，「人には生涯にわたって体，および自身を取り巻く環境の変化があり，それを乗りこえるという課題がくりかえし発生する」という視点をもっていました。
その視点から，独自のライフサイクル論を提唱し，生涯を通じた心の発達過程を**八つの段階**に分けたんです。

エリク・エリクソン
（1902〜1994）

発達段階	心理・社会的発達課題 （心理・社会的危機）	発達課題の内容・意味
Ⅰ 乳児期	基本的信頼 vs. 不信	他者は信頼できるもので，自分には価値があり，この世界は居心地がいいというような感覚をもつ。
Ⅱ 幼児期	自律性 vs. 恥・疑惑	排泄を中心として，保持すること・排除することの自律性（自己統制）を獲得する。
Ⅲ 遊戯期	自主性 vs. 罪悪感	大人のようになりたくて，積極的に環境にはたらきかける。傷つかない積極性（自主性）を獲得，何かを成しとげるのは楽しいと感じる。
Ⅳ 学童期	勤勉性 vs. 劣等感	遊びや空想の中で満足するのではなく，現実的な物事を達成することで満足を得るようになる（勤勉性・生産性の獲得）。
Ⅴ 青年期	同一性 vs. 同一性拡散	自我同一性（アイデンティティ）の確立。これができないと，自分がないような不安定で混乱した状態になる。
Ⅵ 前成人期	親密性 vs. 孤立	特定の他者（パートナー）との親密な関係がもて，同時に個としての自分もゆるがない。これが獲得できないと孤立感が育つ。
Ⅶ 成人期	世代性 vs. 停滞	次世代の人間（子，後輩など）を育むことへの興味・関心をもつ。他者の育ちに喜びを感じることで，限定された自己をこえる。
Ⅷ 老年期	統合性 vs. 絶望	自分の唯一のライフサイクルを受け入れ，自分の人生は自分の責任であることを受け入れる。これができないと，絶望感があらわれる。

あの～，表の中の○○vs.□□っていう対戦カードみたいなのは何でしょう？

エリクソンは，それぞれの発達段階には特有の**危機**があり，それを解決していくことがその段階における**課題**であると考えたんですよ。

解決すべき危機ですか！

たとえば**乳児期**は，**信頼の感覚を獲得する時期**になります。母親など，最も親密な相手とのかかわりにより，他者は信頼できるものであり，自分には価値があり，この世界は居心地がよいといった感覚をもつことが重要な課題になります。

ピンとこないけど，私もそれぞれの年代に，こういった心理的課題をこなしていたのかな？

そうだと思いますよ。

四つの発達段階を経て，子どもは大人になっていく

人の心は，生まれたあと，どのような過程を経て大人の心に成長していくのか？　スイスの心理学者**ジャン・ピアジェ**（1896～1980）は，**児童心理学**とよばれる分野の研究をはじめた主要な人物の一人です。

ジャン・ピアジェ
（1896～1980）

じどうしんりがく……。子どもの心を研究したわけでしょうか？

そうです。ピアジェは，赤ちゃんから児童になるまでの心の発達を研究しました。さらに，**ピアジェのあつかった年齢をこえて，あらゆる年齢をカバーするようになったのが，今日の「発達心理学」です。**
なので，ピアジェは発達心理学の創始者の一人ともいわれています。
下の図は，ピアジェがまとめた「児童の四つの発達課題」です。

児童の四つの発達課題

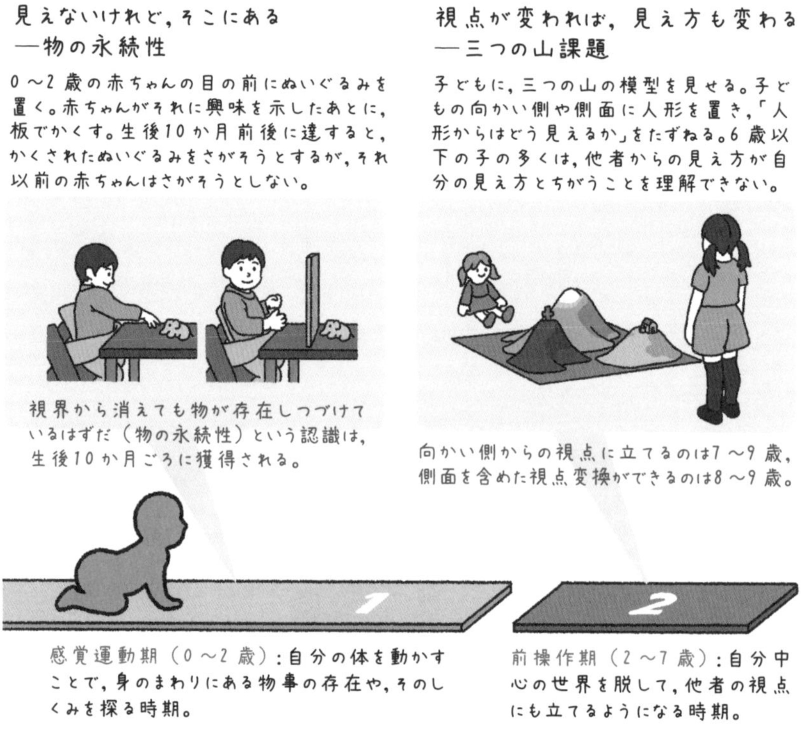

すごい人じゃないですか！　ピアジェさんはどうやって研究をしたんでしょう？

ピアジェは，自分の3人の子どもを注意深く観察したんですね。そして，赤ちゃんから大人に至るまでの心の発達には，**四つの段階**があると考えたのです。

それぞれ，どういう段階なんですか？

まず**第一の段階**，0～2歳の**感覚運動期**は，体を動かしながら外の世界のしくみを探る段階です。
この段階で獲得する概念の一つが**物の永続性**ですね。

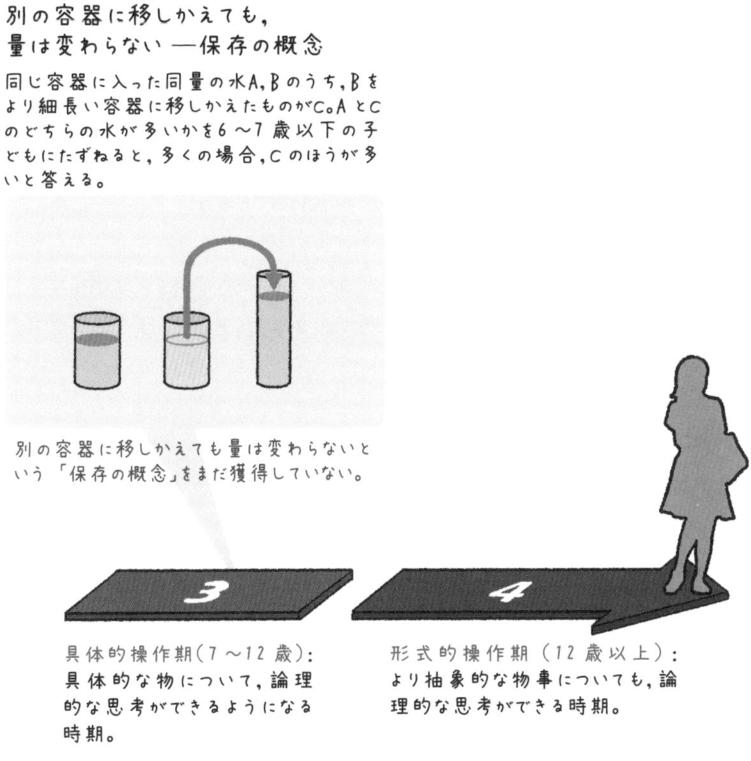

物の永続性？

はい。**物の永続性とは，物体がたとえ視界から消えても，まだ存在しつづけているはずだと考えることを意味します。**

大人にはあたり前のことですけど，赤ちゃんにはわからないのかな？

ええ。赤ちゃんに**いないいないばあ**をすると喜ぶのは，存在していたはずの顔が本当になくなってしまったり，またあらわれたりするように感じるからかもしれません。

赤ちゃんは，物がパッと消えたりあらわれたりする世界に生きているかもしれないのか。魔法の国みたいだ……。

ふふふ，そうですね。
次の**第二段階**，2～7歳の**前操作期**は，言葉を覚え，「ごっこ遊び」が見られる段階です。
この段階を終えるころには，自分の視点しか知らない自分中心の世界を脱して，「他者からの視点」も理解できるようになります。

他者の視点に立てるようになるんですね。

さて，**第三段階**は，7～12歳の**具体的操作期**です。
ピアジェは，論理的な思考のことを「操作」とよびました。
この具体的操作期に**論理的な思考**をはじめるんです。

論理的な思考？

はい。この段階で獲得する概念の一つが**保存の概念**です。「容器に入った水を別の容器に移しかえても水の量は変わらない」といった，論理的な思考ができるようになるんですね。

子どもはこうやって，少しずつ世界の成り立ちを理解していくんですねぇ。

ええ，そうですね。
そして**第四の段階**，12歳以降の**形式的操作期**に達すると，さらに抽象的な物事について論理的な思考ができるようになるとピアジェは考えました。
ピアジェは，この四つの段階を一つずつ進み，大人と同等の思考ができるようになるのが心の発達だと考えたのです。
ただし，子どもの成長には環境をはじめとするさまざまな要因がかかわっており，その進み方には大きな個人差・集団差があることを忘れてはいけません。

早熟な子もいれば，のんびり屋さんもいる。

ええ。ここに挙げた年齢はあくまで目安であり，あてはまらないからといって異常ではありません。

大器晩成，なんて言葉もありますもんね！

他人の気持ちに気づくのは，4～5歳ごろ

ピアジェらの影響を受けながら発達心理学は発展し，子どもの心の発達を探るさまざまな研究が行われました。やがて心理学者たちは，**心の理論**とよばれる概念に注目するようになったんです。

心の理論？　どういうものなんでしょう？

心理学における心の理論とは，だれかの身になって物事を考える心のはたらきのことです。
他者が置かれた立場や状況を理解したうえで，その人の気持ちや考えを察するのが，心の理論のはたらきです。

自分以外の人がどう思っているか，推測できるかどうか，ということでしょうか。

はい。人間関係を円滑に進めるうえで欠かせないのが，心の理論だといえます。

子どもは何歳ごろから心の理論を獲得するんですか？

それを調べるために考案されたのが，右ページに示したような紙芝居を子どもに見せて行う，**サリーとアンの課題**とよばれる実験です。

1
サリー
かご
箱
アン
2
ボール
3
4
5

サリーとアンは，同じ部屋で遊んでいます（1）。
サリーはボールを**かご**にしまったあと（2），部屋を出ます（3）。すると**アン**は，ボールをかごから**箱**に移してしまいます（4）。部屋にもどったサリーがボールを探すのは，かごと箱のどちらでしょうか（5）？
それを子どもに問うのです。

いや，普通にかごの中じゃないですか？
アンがボールを箱に移したことを知らないわけですし。

そう，**この課題のポイントは，「ボールがかごから箱へと移された事実をサリーは知らない」という状況を，正しく理解できるか，という点です。**
そのうえで，サリーの身になって考える心のはたらきが，心の理論なのです。

なるほど！

3歳までの幼児のほとんどは，サリーの身になって考えることができず，今ボールがある**箱**を探すと答えます。ところが，**4～5歳**で心の理論を獲得すると，**かご**を探すと正しく答えるようになるんですよ。

へぇ～！

4～5歳になると，子どもは**うそ**をつきはじめることがあるんですが，これも心の理論のはたらきなんですよ。

えっ，どうしてですか……？

たとえば，大人に叱られたくないときに，子どもはうそをつきますよね。「こう説明すれば叱らないはずだ」と，大人の気持ちを想像できるようになったからこそ，うそをつくわけです。

ほぉ～納得です！
こんなふうに人の心は発達していくんですね……。

心の理論は，他者の気持ちを察するのがむずかしい**自閉症**などの発達障害との関連が指摘されています。

うう～ん，社会の中でうまくやっていくには，心の理論がすごく大事になりそうですね。

ええ。人は他者とかかわることなく生きてゆくことはできません。
そして，誰かと円滑な人間関係を築くために，心の理論は欠かせないでしょう。
心の理論をめぐる研究は，現在も進められています。

自分とは何かに思い悩む，青年期

さて，次は**青年期**（10歳前後から就職するころまで）の心理について紹介しましょう。青年期の前半は**思春期**といわれ，大きな体の変化を経験します。一方で，青年期は社会に出ていく準備の時期でもあります。
この青年期は，エリクソンによると，**アイデンティティ**を確立することが課題となる時期です。

アイデンティティってよく聞きますけど……，何なんでしょう？

アイデンティティは，心理学では**自我同一性**と訳されます。
エリクソンによると，**「自分はほかの何者ともちがう自分である（斉一性）」，「過去，現在，未来にわたって自分は同じ自分である（連続性，または一貫性）」**という実感を得ることが，**アイデンティティの確立**です。

斉一性と連続性。ふーむ……。

さらに「これが自分である」と自分だけが感じるのではなく，**他者からも同じように感じられていること（相互性）もアイデンティティの条件になります。**

他人からどう感じられているか，というのも重要なんですか？

はい。たとえば「生徒にも保護者にもたよられる先生になりたい」という目標がある場合，教員免許を取り，就職活動を経て，先生という職業につけば目的がかなうわけではありません。

それだけだと単に「先生になった」だけですからね。

経験を積んで本人が自信をもち，他人からも一人前になったと見られることで，アイデンティティにおける相互性を獲得した状態になるわけです。

アイデンティティは自分一人だけでつくり上げられるものではない，ということなのか。むずかしい……！

ええ。青年期に話を戻しますね。
この時期は急激な体の変化により，自分自身の過去からのつながりを感じにくくなります。それに加えて，進路問題や友人関係，恋愛や親との関係の変化などといった悩みも出てきます。

そうして，子ども時代から築いてきた**これが自分**という像が不確かになりがちなんですね。
これを**アイデンティティクライシス**といいます。

体はどんどん大きくなるし，進学したら通う場所や友達も変わりますもんね。
何もかもが変わっていく時期だから，自分自身のことをとらえにくくなるわけですね……。

アイデンティティを確立するまでに悩み，試行錯誤する期間を**モラトリアム**とよびます。この時期は精神的に不安定になりやすいことが知られていますね。

なかなかキツい時期だなぁ……。

臨床発達心理学者の**ジェームス・マーシャ**は，アイデンティティを確立するまでの状態を，「アイデンティティクライシスを体験しているかどうか」，「打ちこむ対象があるかどうか」の視点から，四つに分けました。

アイデンティティ・ステータス（同一性地位）	
アイデンティティ達成型	アイデンティティクライシスを経験したあと，自分自身の価値観や世界観を見いだし，それに基づいた信念に従って行動している。
モラトリアム型	アイデンティティクライシスを経験している最中。自分の価値観や職業について，いくつかの選択肢の中を迷っている段階。
アイデンティティ拡散型	アイデンティティクライシスを経験している場合と，経験していない場合がある。自分の人生に責任をもつことや，主体的な選択をすることができない。無力感や自己嫌悪感，焦燥感が特徴。
早期達成型	アイデンティティクライシスを経験していない。親や世間から期待される価値観を葛藤なしに自分の価値観として受け入れている。

まずは**アイデンティティ達成型**。
アイデンティティクライシスを経験し，打ちこむ対象がある状態です。子供のころからの自分のあり方について確信がなくなり，いくらかの可能性について考えた末，自分なりの**解決**に達して，それにもとづき行動している状態です。

アイデンティティクライシスを健全に乗りこえた状態でしょうか。

そういっていいでしょう。そして，先ほど触れた**モラトリアム型**。まさに危機を経験している最中で，アイデンティティを確実にしようと努力している状態ですね。

うんうん。**青年よ，がんばれ！**
アラサーとしては，エールを送りたくなります……。

早期達成型は，危機を経験せず，打ちこむ対象がある状態です。とくに選択に迷うことなく，親の示す目標や，世間から期待される価値観を違和感なく受け入れている状態ですね。早期達成型は，早期完了型ともよばれて，「自分とは何か」に悩まずに早めに適応をしてしまった状態と見ることもできます。このタイプの人は，成人期になってから悩みはじめることもあります。

一見，平和そうですが，それで大丈夫というのではないのですね。青年期に悩むことに意義があるわけですね。

最後の**アイデンティティ拡散型**は，積極的に打ちこむ対象がないため，よりどころがない状態になり，孤立感や不安感がつのったり，あせりを感じたりする傾向があります。アイデンティティクライシスを経験していないタイプと，経験したタイプがあるとされていますね。

うう，ツラそう……。

一般的には，早期達成型やアイデンティティ拡散型からモラトリアム型，そしてアイデンティティ達成型へ移行すると考えられますが，そうでないこともあります。

それからアイデンティティはすぐにしっかりと確立されるのではなく，徐々に確立されていきます。危機は青年期以降もあらわれ，生涯にわたりアイデンティティは模索されると考えられています。

葛藤や親ばなれを経験する思春期

もうしばらく青年期の心理について見ていきましょう。
青年期の前半である10歳～18歳ごろを**思春期**といい，**第二次性徴**の時期にあたります。
身長や体重が増加し，この時期に親と並ぶほどの体格になる人は珍しくないでしょう。

僕も高校生のころに父親と身長が同じになったなあ。

物事を論理的に考える能力もついてきて，親や教師のいうことがすべて正しいわけではないことにも気づいていきます。そういった中で，親と心理的にも物理的にも一定の距離を置くようになり，**親ばなれ**の準備がはじまります。

体格だけでなく，精神もぐっと大人に近づいてゆく時期なんですね。

心身の変化に心が追いつかず，いらいらしたり孤立感を感じがちになる時期でもあり，これらが**非行**や**不登校**などにつながることもあります。

いわゆる**反抗期**というやつですか。

ええ。反抗は親だけでなく，社会や学校へと広がることもあるでしょう。一方，友人とのつきあいが活発になり，重要な相談は友人にするようになっていきます。

懐かしいなあ！
ファストフードとかファミレスで，友達と何時間もダベってたな〜。

ふふふ，皆そうですよね。反抗期ののちには，親も一人の人間であることを受け入れ，適切な距離を保てるようになります。この段階は**親ばなれ**，または**心理的離乳**ともいわれます。

心理的離乳……！
なかなかインパクトの強い言葉です。子どもにとって，親の存在はそれだけ大きい，ということなんでしょうね。

そうですねぇ。
ところで，従来の発達心理学のモデルでは，親ばなれに至るまでには，親と子どもの**はげしい葛藤**を経験するものだと説明されてきました。しかし実際は，親と**良好な関係**をつづけながら，親ばなれをするケースも多いんです。

あっ，私はそのケースですね。両親とそんなにケンカしたことないです。

さっそく実例が出てきましたね！
あなたのように，思春期にだれもがはげしい反抗期を経験するわけではない，といわれるようになっているんですよ。

よ，よかった～！　反抗期らしい反抗期がなかったんで，実はちょっぴり心配だったんです。

新しく示されているモデルでは，両親は子どもにとって，進路を決定するときなどにたよれる**重要なアドバイザー**であり，小さな子どものときと変わらず愛着の対象であると考えられています。

たよれるアドバイザーというのは，その通りだと思います。ご祝儀の額とか，お見舞いの品は何が喜ばれるかとか，何かあると，とりあえず両親に聞いちゃうなあ。

親は，最も身近な人生の先輩ですからね。
親との葛藤がある場合も，多くはそれほどはげしいものではなく，その葛藤は健全な発達を後押しするとされます。

40 ～ 45歳は，人生で最も重要な転換期

エリクソンによると，一般的に40歳～65歳ごろは**成人期**，または**中年期**とよばれています。最も安定，充実している時期といわれる一方で，**中年クライシス**という言葉も有名です。

中年クライシス？

はい。中年期は，仕事では責任のある地位につき，やりがいを感じる一方で，その責任の重さや，体力や能力の限界，親の介護など，さまざまな事態に直面する時期なんです。
人生の正午ともいわれ，最も充実した時期であるとともに**転換期**でもあるんですよ。

私はまだ両親も元気だし，仕事を見てくれる上司がいますけど，そういう頼れる上の世代がいなくなって，さまざまなことを自分で背負わなきゃいけなくなる時期なんですね。大変だぁ……。

この中年期をくわしく研究したのが，心理学者の**ダニエル・レビンソン**（1920 ～ 1994）です。
彼はさまざまな職業につく中年の男性に面接調査を行った結果，人生には大きく**三つの移行期**が訪れると考えました。17 ～ 22歳に訪れる**前成人期**への移行，40 ～ 45歳の**成人期（中年期）**への移行，60 ～ 65歳の**老年期**への移行の三つですね。

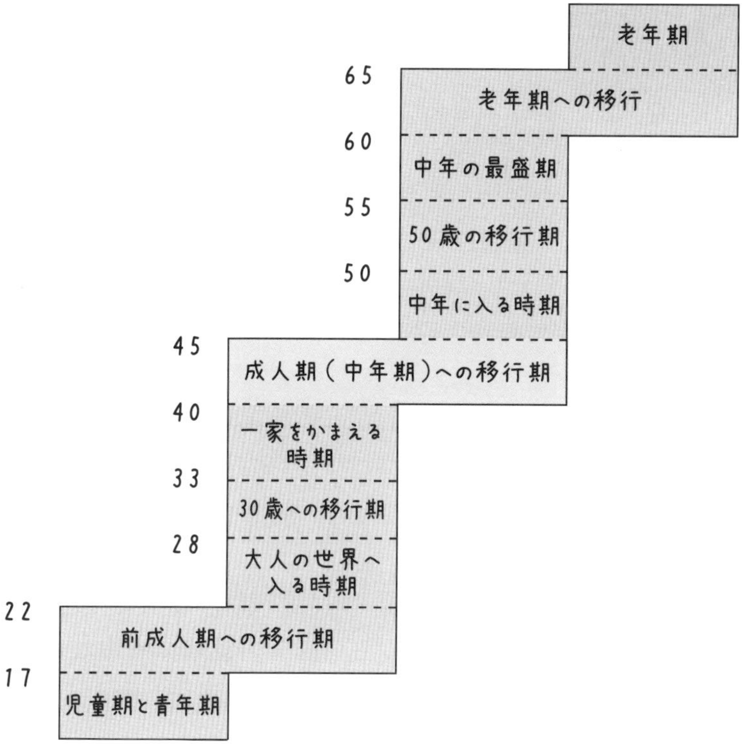

注：数字は年齢
（出典：『カラー版徹底図解 心理学』〔青木紀久代，神宮英夫 編著，新星出版社，2017年発行〕を一部改変）

階段みたいになっていますね。

レビンソンは，とくに40歳～45歳における移行が重要と考えました。ここが人生の折り返し地点であると考えたのです。

ここは自分のやってきたことを再評価して，自分がこれからできることについて考え，新しい生き方を見つけだす時期としました。

中年期は，徹夜が無理だと感じたり，体力の衰えを感じたりと，**老いへの自覚**が出てきます。仕事面での責任が増し，限界が見えてくる場合もあるでしょう。
また，**親の介護**がはじまる時期でもあります。これまでの生き方について振り返る機会も多くなります。
それから，家庭で子育てをになってきた女性は，**子どもの独立**が大きな転機になります。育児だけに力を注いできた女性の場合，子どもが独立すると，自分の**存在意義**がなくなったように感じ，悩むことがあります。

アイデンティティクライシスを迎える青年期と同じように，**自分自身を見つめ直す時期**なんですね。

ええ。子どもの独立は，自分が**新しいことに取り組むチャンス**だととらえ，**仕事や趣味，勉強など新しい人生をはじめる準備をすることが重要だと考えられます。**

うーむ，中年期が人生の転換期なのかぁ。

エリクソンによると，前成人期（19～39歳ごろ）は，パートナーやまわりの人たちと**親密な関係**を築いていく時期とされます。
一方，中年期の課題は，子どもや次の世代を育てることなんですね。
つまり，**自分の子どもを産み育てることや，次世代に残す仕事や作品を生みだし，次の世代に継承していくといったことに取り組む時期だといえます。**

中年期以前は，個人のライフサイクルの中だけの課題に取り組んできましたが，中年期は，**世代間**という長い時間軸や社会とのつながりを考えるという意味で，それまでと大きくことなるといえますね。

自分だけのことだけでなく，**あとの世代**のことを考えなくちゃいけなくなるわけですね。

はい。これがうまくいかなければ，関心は自分自身にとどまり，**停滞の状態**になるとされます。
そして老年期への移行時期では，あらためて社会とのかかわり方についてバランスのよい点を見つけていくことになります。

65歳をすぎたら目指す,「サクセスフルエイジング」

老年期は一般的に，退職する**65歳ごろ以降**とされます。心身の機能が低下し，退職などにより社会とのつながりが大きく変化するとともに，身近な人が亡くなるという体験もふえる時期です。

老年期ですか……。
社会に出て数年の私には，なかなか実感のわきにくい未知のゾーンなので，ちょっと**ドキドキ**してます。

ぜひドキドキしながら聞いてください！　いつかあなたにも訪れる未来ですからね。
老化や親しい人の**喪失**といった状況と向き合いながらも，精神的に充実した日々を送っていけるよう，前向きに加齢とつきあっていくあり方を，**サクセスフルエイジング**といいます。

さくせすふるえいじんぐ？

一般的には**幸福な老い**などといわれています。
サクセスフルエイジングを目指す上で，重要な理論とされているのが，**補償を伴う選択的最適化理論**です。

むずかしそう……。
それは，どのような理論なのでしょうか？

老年期になると，**心身機能の低下**をはじめとした，さまざまな喪失と向き合うことになります。
補償を伴う選択的最適化理論は，そのような喪失にうまく対処するための考え方です。

歳をとると，思うように動けなくなったり，物忘れが多くなったりしますよね。どうやってこのような喪失に対処するんでしょうか？

この理論では，**選択**，**最適化**，**補償**という三つのプロセスが重要だと考えます。
まず，老年期には若いころと同じことをやるのは困難が伴うため，目標を下げたり，範囲をしぼったりするなど，今の状況にあった目標を**選択**するようにします。
そして，目標を達成するために，手順を考えたり，道具や資源を活用したりと，さまざまな工夫や努力をします。これを**最適化**といいます。
さらに，どうしても有効な手段が不十分なときには，他人の力や代替手段を利用するのです。これが**補償**です。

選択，最適化，そして補償か……。

はい，これらのプロセスが幸福な老年期を過ごすために重要だと考えられるんですね。

なるほど。
ほかにも具体的に老年期にやるべきことなどありますか？

老年期の心身の機能低下はどうしてもさけられません。
ですが，それによっておこるであろう問題に前もって対処していくことは，ある程度可能です。

前もって対処，ですか？

たとえば自動車の運転技能が落ちてきたと感じたら，事故をおこす前に**免許証を返納**し，それによって買いだしがむずかしくなるのであれば，**食材の宅配サービス**を探しておくといったことです。
代替手段をうまく利用していくことが，老化への適応の一種だといえるでしょう。

そういえば，家の近所のスーパーでは，高齢者の方がお買い物をすると無料で宅配してくれるみたいです。

そのようなサービスをチェックしておくといいですね。
また，年をとると，「退職によって収入が減る」「仕事や子育てを通じてできた人とのつながりがなくなる」といった問題とも向き合うことになります。

つらいなあ……。
今まではできていたことができなくなるって，かなりストレスになりますよね。

ええ。**生きる目的**についても同じです。前成人期や中年期は，仕事での出世や子どもの世話と独り立ち，マイホームのローン返済といったわかりやすい目的が目の前にありました。**しかし老年期では，自分でつくらなければ，目的はなくなります。**

若造の私としては，時間を全部自分のために使えるなんて，うらやましい！　なんて思っちゃいますけど。

それでいいと思いますよ。**老年期はこれまでの人生経験に意義を見いだし，あらたな世界を開く時期だとも考えられるんです。**

老年期になったら，時間を全部自分のために使えるぞ！
ヤッター！　という気持ちで生きる，と。

そうそう！　その意気です。
自由になる時間が増え，趣味や社会貢献など，新たな生きがいを見つけることが可能でしょうし，ボランティアや趣味のサークル，地域活動などへの参加により，新たな社会や他者とのつながりをつくることもできます。

なんだか年を取るのが楽しみになってきた！

いいですね〜。一方で，**寝たきり**になることはできればさけたいものです。また，週に1回しか外出しない閉じこもりとよばれる状態は，寝たきりや**認知症**などになるリスクが大きいことが明らかになっています。

認知症に!?　やっぱり外に出ることは大事なんですね。

閉じこもりは，身体機能の低下や，外出すればけがをするのではないかという恐怖，近所づきあいが少ないため出かける意欲が下がるといったことが重なって生じます。

閉じこもりになる際にも，いろんな心理がはたらいているんですね。

そうなんですよ。
また，厄介なことに，閉じこもりは，その人がもともともっていたライフスタイルだとみなされて，見過ごされがちなんです。

確かに「年を取ったら家で静かにのんびり過ごすのが幸福な老後の姿」みたいなイメージがあります。でも，それは必ずしも正しいわけではないんですね。

ええ。**まわりの人は，本人が置かれた状況に配慮しながら，積極的にはたらきかけを行っていくことが大切です。**

私の両親もそろそろ老年期だからなぁ。気をつけてあげないと。

自分なりの方法で工夫して喪失体験と向き合う人は，幸福度が高いといわれています。そのためには早くから，退職後や子育て後の**人生設計**を考えることが大切でしょう。今までの取り組みを振り返ることも，これからの過ごし方を考えるうえで有意義だとされます。

過去を振り返って，自分を見つめ直すのかぁ……。
人は生涯にわたってアイデンティティを模索しつづけるんですねえ。

ええ。老年期のはじまりは**第二の人生のスタート地点**ともいえます。すこやかに老いるためにできることはいろいろあるといえそうです。

偉人伝❶

精神分析を考案，ジークムント・フロイト

　オーストリア出身の精神科医であり，神経学者でもあったジークムント・フロイト（1856～1939）は，「無意識」に着目した心理学者です。無意識とは，自分が把握していない意識のことです。フロイトが活躍していた時代には，自分が考えたり，行動したりすることはすべて自分で把握して，調整をしていると考えられていました。そのため，フロイトの考え方はとても画期的であり，同時に異端的でもありました。

　フロイトは1856年に羊毛商の家に生まれました。家は貧しかったようです。1873年に，フロイトはウィーン大学の医学部に入学します。そこでヤツメウナギやザリガニの神経系などについて生理学的な研究をし，先駆的な論文を残しました。フロイトは，医学の学位を取得したのちも生理学の研究者としての道を歩むことを志していましたが，経済的な理由からそれを断念し，開業医を目指します。

フロイトが生んだ精神分析

　フロイトが無意識に注目するきっかけとなったのは，見学生としてフランスの神経学者ジャン＝マルタン・シャルコー（1825～1893）のもとへ訪れたことです。シャルコーは神経症の一種であるヒステリー（心的な葛藤が感覚・運動の麻痺として表現されること）を催眠によって治療していました。そこでヒステリーの症状をもつ患者の訴えが，体の症状と実際につながっているのを目の当たりにしたフロイトは，心の病の原因に深く関心をもちました。

やがてフロイトは，無意識に潜んだ記憶や感情を明らかにすることができれば，心の病によって出てくる症状が緩和されると考えました。そのために誕生した治療法が「精神分析」でした。

フロイトは，ある言葉から思い浮かぶ言葉を次々に連想する「自由連想法」や，眠っているときに見る夢を分析する「夢分析」という方法から人の無意識を理解しようと試みました。そして，そうした精神分析の治療法が神経症の治療に一定の効果が認められると考えられるようになりました。

受け継がれていくフロイトの治療法

フロイトが提唱した「精神分析」は，その後カール·グスタフ·ユング（1875 ～ 1961）やアルフレッド・アドラー（1870 ～ 1937）などの心理学者や精神科医たちの間で，形を変えながら引き継がれていきました。その理論はさまざまに発展し，心理学だけにとどまらず，社会学や文化人類学，宗教学，哲学，文学，芸術などにも影響を与えています。

2

時間目

社会の中での心理学

STEP 1

人間関係の心理学

人はどのような相手に好意をいだくのでしょうか。ここでは，人が好意をいだくときの心のクセや，やっかいなお願いをするときのワザなど，人間関係についての心理学を紹介します。

あの子に好かれるには，なるべく視界に入ろう！

この2時間目では，人間関係や社会の中での心のはたらきについてお話ししていきます。

おっ！　待ってました！
どうすればモテ……，いや人に好かれるのかを知りたいです！

人はどのような他者に好意を抱くのか。これは対人魅力といって，社会心理学における大きなテーマの一つです。

すごく興味があります。

ここでは，対人魅力にかかわる単純接触効果，ミラーリング効果，ハロー効果，恋の吊り橋効果の四つについてお話ししましょう。

恋の吊り橋……。

まず**単純接触効果**から行きましょう。
あなたは中学や高校時代，教室のベランダや体育館の片すみから，スポーツに興じている好きな人の姿を目で追ってしまったという経験はないでしょうか。

ああ，あります……懐かしいなぁ。
中学生のころバスケ部だったんですけど，となりで練習しているバレー部のちょっと気になる子のことを，ちらちら目で追っていました。

ふふふ，そうですか。
このように，通常は「好きだから見る」というのがまっとうな順番であると思われがちです。
ところが，アメリカの社会心理学者**ロバート・ザイアンス**（1923～2008）が発表した研究によれば，「見るから好きになる」という因果関係もあることが明らかとなりました。これを**単純接触効果**，または**ザイアンスの法則**とよびます。

見るから，好きになる？

はい。ザイアンスは，複数の見知らぬ人の顔の画像を参加者たちに見せ，好みを判断してもらうという実験を行いました。

すると，表示回数が多い画像ほど，好まれる割合が高くなったのです。

えええええっ!?

面白いでしょう。これが単純接触効果です。

単純接触効果は，CMなどにも利用されています。**何度もくりかえし目にするうちに，その商品に対する好意が高まり，欲しくなったり，店頭などで見つけるとつい買ってしまったりするというわけです。**

ポイント！

単純接触効果

ある対象を何度もくりかえし目にするうちに，対象に対する好意が高まる。

確かに「お，CMで見た新商品だ」と思って買っちゃうことはあります。
でも，なぜ，こんなことがおこるんですか？

それはですね，くりかえし接触することで，それを「あってあたり前」のものだと私たちが**錯覚**するようになるからだと考えられています。

「あってあたり前」と「好き」がどうつながるんでしょう？

あってあたり前と記憶することにより，人はそれをストレスなく認知できるようになります。
これを**認知的流暢性**といいます。

にんちてきりゅうちょうせい？

認知が困難なものよりも，流暢に認知しやすいもののほうが好ましいものであるという心理です。これが，単純接触効果を生んでいるのです。

ふぅむ。
わかりにくいものよりも，わかりやすいものの方が好感度は高くなるってことですね。

ええ。
しかし一方で，**相性が悪い，または嫌悪感を抱いている相手に対しては，接触すればするほど，逆に悪い印象をつのらせる場合があることも知られています。**

嫌いな相手からしつこく好意を示されれば示されるほど，さらに嫌悪感が増すというわけです。

うわっ！ 諸刃の剣じゃないですか！

ええ。ですから，**相手から好意を得ようと単純接触効果を用いる際には注意が必要です。**

今度から，気になる会社の同僚の前をできるだけ横切るようにしようと思っていましたが，うまい話はそうそう転がってないものなんですね……。

まあまあ。
次に行きましょう。相手の身振りや話し方を見て，それを真似してみることも，相手に好かれる効果があるかもしれません。

相手のまねをすると，好かれるんですか？

ええ，**身振りや話し方が似ている相手に対して，好感をもちやすくなる傾向があるんです。**
これを**ミラーリング効果**といいます。

えぇ，本当ですか？　信じられないなぁ。

これは，アメリカの大学生を集めて行われた，ジェスチャーの実験で確かめられています。**雰囲気が似ている人は，自分と同じ性格や考え方をもっているはずだと感じることによっておきる効果だといえます。**

ポイント!

ミラーリング効果

身振りや話し方などの雰囲気が似ている相手に対して，好感をもちやすくなる。
雰囲気が似ている人は，自分と同じ性格や考え方をもっているはずだと感じることによっておきる。

うーむ，ふざけて友人の真似をするとよく怒られますけど。

それは**ただのやりすぎ**です。

ハハ。でもミラーリング効果，使えそうですね。

さて次です。
人が他者に好意を抱く要因の一つに，他者の性格や身体的魅力があります。これを，**他者要因**といいます。

その中でもとくに強いのが，**外見的魅力**ですね。**美人**や**ハンサム**が，第一印象で好意をもたれやすいことは，だれもが知るところでしょう。

ええ，**ズルいですよね！**

実感がこもってますねえ。
さて，**私たちは，よく知らない相手に対して，部分的な情報があたえられると，その情報を手がかりに全体的な印象を形成しようとします。**
これを**印象形成**といいます。
このとき，あたえられた情報のうち，印象に最も大きな影響をあたえるものの一つが，**外見**です。

へぇ〜，そうなんですか！

そのため，**初対面の相手に対しては，「外見がよければ，性格もよい」といった認知が生じやすくなります。**
これを，**ハロー効果（光背効果）**といいます。

えー，外見と性格って本来，関係ないじゃないですか!?
何なんすか！　ハロー効果って。プンプン！

ある人が，何らかの目立つ側面で望ましい特徴をもっていると，そのほかの側面まで望ましい特徴をもっているとみなしてしまう，**認知のゆがみ**のことです。
望ましい特徴は，その特徴とは直接関係のない性格や行動の印象にも影響をおよぼすことがあるわけですね。

ポイント！

ハロー効果

何らかの目立つ側面で望ましい特徴をもっていると，そのほかの側面まで望ましい特徴をもっているとみなしてしまう。

とにかくイケメンはずるいってことですね。

ふふふ。
さて最後に紹介するのは，**恋の吊り橋効果**です。
恋の吊り橋効果とは，**好意をもっている人といっしょに，高所にかかっているゆれる吊り橋を渡ると，恋に発展しやすくなるというものです。**
高所の吊り橋を渡る際に増大する心拍数を，愛情によって生じたものであると錯覚してしまうわけです。

ポイント！

恋の吊り橋効果

好意をもっている人といっしょに，高所にかかっているゆれる吊り橋を渡ると，恋に発展しやすくなる。
吊り橋を渡る際に増大する心拍数を，愛情によって生じたものであると錯覚してしまうため。

本当にそんなことで好きになっちゃうんでしょうか？

恋の吊り橋効果を実験で確かめたのは，カナダの社会心理学者ドナルド・ダットンとアーサー・アロンです。
その背景には，アメリカの心理学者スタンレー・シャクターらが提案した情動の認知説（情動二要因論）があります。これは，**「感情は体の生理的変化を認知したあとに生じるものである」**という考え方です。

ど，どういうことですか？

つまり，**「この人が好き！　だからドキドキする」という流れではなく，「ドキドキする……だから自分はこの人が好きだ！」という順番が正しい，という考え方です。**
この説が正しければ，まちがった認知を誘導することで，感情をコントロールすることができることになります。
つまり，吊り橋を渡ることで生じたドキドキを，恋愛感情であると**錯覚**させることができるというわけです。

なるほど……。
まぁ，そもそも遠くの吊り橋に二人で一緒に行ってくれるような人は，すでに好意を抱いてくれていそうですけどね。
まずは，吊り橋に誘うところからですね！

やっかいなお願いを引き受けてもらうワザ

さて次は**悪徳商法**の心理を紹介しましょう。
「お時間は取らせませんので，簡単なアンケートに答えていただきたいのですが」。
このような依頼を，電話や道端でされたことはないでしょうか。

あります！

実はこのようなとき，アンケート調査が彼らの目的とは限りません。

ギク！

アンケートに答えたそのあとに，どこそこへ来てお話を聞いてほしいといったやっかいな依頼が待っていることがあります。
これは，悪徳商法の手段で，フット・イン・ザ・ドア・テクニック（段階化テクニック）とよばれるものなんです。

かっこいい響きだけど，悪徳商法の手口なのか……。

フット・イン・ザ・ドア・テクニックは，**急にもちかけられたらなかなか承諾しないようなやっかいな依頼でも，一旦「ささいな依頼」を引き受けたあとでは，つい引き受けてしまう人の心理を利用したものです。**

へぇ～！　そんな心理があるんですか。

はい。アメリカの心理学者ジョナサン・フリードマンらにより，その心理の効果が実験で確かめられています※。
実験の内容は，まず研究グループが，消費生活の調査員を名のり，主婦を対象に電話をかけます。1回目は，「使っている家庭用品についての質問に答えてほしい」というささいな依頼をします。

ふむ，1回目はささいなお願いですね。

※出典：Freedman, JL and Fraser, SC.(1966). Compliance without pressure: The foot-in-the-door technique. *Journal of Personality and Social Psychology, 4*(2): 195–202.

そしてその3日後，ささいな依頼を引き受けてくれた主婦にふたたび電話をかけ，「家の中の家財道具を調査したいので，5～6人の調査員を自宅に入れてほしい」，と**やっかいな依頼**をするのです。

ああ～，これは相当やっかいですね！
日取りを決めるやり取りとか，知らない人が5～6人ドヤドヤ家に入ってくることを考えると，うへぇってなります。

見るからに面倒なお願いですよね。
さて，実験の結果はというと，最初からやっかいな依頼をされた主婦たちは，**約22％**しか依頼を承諾しなかったのに対し，事前にささいな依頼を聞いた主婦たちは，**約53％**と，2倍以上の確率でやっかいな依頼を受け入れたんですよ。

2倍以上も!?
すごい！　フット・イン・ザ・ドア・テクニックって本当に効果があるんですね。

事前にささいな依頼を引き受けたことで，次に別のやっかいな依頼がきても「自分は人の依頼を引き受ける人間だ」という態度が準備されるんですね。こうしてやっかいな依頼をも引き受けてしまうのだろうとされています。

ポイント！

フット・イン・ザ・ドア・テクニック

急にもちかけられたらなかなか承諾しないようなやっかいな依頼でも，一旦「ささいな依頼」を引き受けたあとでは，引き受けられやすくなる。

仕事でもこのテクニック使えそうだな～。

時間がせまれば，みんな魅力的

さて，つづいてもう一つ，悪徳商法に使われる心理テクニックについて見ていきましょう。

悪徳商法シリーズ第二弾！　確かに，悪徳商法って人の心理を巧みに操っているイメージあるなあ。

閉店時刻効果とよばれるものです。**これは，ある対象にアプローチする時間が残り少なくなると，その対象がより魅力的に思えてくる効果です。**

ポイント！

閉店時刻効果

ある対象にアプローチする時間が残り少なくなると，その対象がより魅力的に思えてくる効果。

悪徳商法の場面で**今だけしかチャンスはないんです！**といわれたりすると，その誘いがこれまでより魅力的に思えてしまうのはこの心理効果であるといわれます。

たしかに，私も遅い時間のスーパーに行って半額のシールが貼ってあったら，ついつい買う予定のなかったお惣菜まで買ってしまいますもん。

この閉店時刻効果は，アメリカの心理学者**ブライアン・グラデュー**らによって実験で確かめられています※。

ほほう！　どんな実験だったんでしょう？

実験はダンスバーで行われました。そのバーは，恋人を探す目的で男女がつどう場所でもあったようです。
彼らは男性と女性の客に，「今，店内にいる異性が全体的にどのくらい魅力的に感じられるか」とたずねてまわったんですね。
この実験は3か月間行われました。回答した人数は217人でした。

3か月間も！　それで，結果は？

彼らの回答をもとに，経過時間ごとの異性の魅力度をグラフにあらわしたところ，男女ともに閉店時刻が近づくにつれ，異性が魅力的に見えてくる傾向があったんです。

マジですか！
本当に効果あるんですね……！

※出典：Gladue, B. A., and Delaney, H. J. (1990). Gender differences in perception of attractiveness of men and women in bars. *Personality and Social Psychology Bulletin, 16*(2), 378–391.

ええ，そうなんです。
この閉店時刻効果は，スーパーなどの**タイムサービス**や，**期間限定商品**の効果としても使われています。

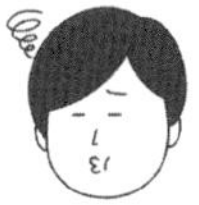

閉店時刻効果を使えば，私も魅力的に見えるようになるのかな……。
ああ，でもうまい使い方が思い浮かばないっ！

STEP 2

集団に流されてしまう心理

集団では，一人のときとことなる心理がはたらきます。つい周囲に同調してしまったり，自分一人くらいと手抜きをしたり……。そんな「集団心理」について見ていきましょう。

女子高生のうわさで，銀行に人が殺到

ここからのテーマは**集団の心理**です。
詐欺などでは，「他人に相談させない」「孤立させる」というのが常套手段といわれますが，だまされてしまうのは一人でいるときだけとは限りません。集団が一度にだまされてしまうこともあります。

えっ，怖い。どんな場合でしょう……？

典型的なのが，事実ではない**うわさ**が流れるときです。まちがったうわさが急速に広がった場合，大きな事件へと発展することだってあるんです。

大きな事件……それは困るなあ。
広がりやすいうわさには，何か特徴みたいなものがあったりするんでしょうか？

※出典：Freedman, JL and Fraser, SC.(1966). Compliance without pressure: The foot-in-the-door technique. *Journal of Personality and Social Psychology*, 4(2): 195–202.

アメリカの心理学者**ゴードン・オルポート**（1897～1967）らは，うわさの広がりやすさを$R \sim i \times a$という式にあらわしました。これを**流言の法則**といいます。Rはうわさの広がりやすさ，iは情報の重要さ，aは情報に対する証拠のあいまいさ，$\sim$は比例を意味します。

うわさの広がり方なんてものも数式であらわすことができるんですね。

はい。この式によれば，**情報の重要さと，情報に対する証拠のあいまいさが大きいほど，うわさの広がりやすさは大きくなります。しかし，どちらかがゼロになると，うわさの広がりやすさはゼロになります。**

ポイント！

流言の法則

$$R \sim i \times a$$

R：うわさの広がりやすさ　i：情報の重要さ
a：情報に対する証拠のあいまいさ　～：比例

情報の重要さと，情報に対する証拠のあいまいさが大きいほど，うわさの広がりやすさは大きくなる。

うーむ，説明だけでは，ちょっと実感がわきません。具体例はないんでしょうか？

この法則にあてはまるよい例が，1973年に愛知県でおきた，ある**信用金庫の騒動**です。
この騒動は，**「どこそこの信用金庫は危ないらしい」**という，地元の女子高生のたわいない**うわさ話**からはじまりました。

その程度の話なら，だれでも日常的にしますよねぇ。
何かの事件につながるとは到底思えませんが。

ところが，このうわさが人づてに広がり，後日，この信用金庫の窓口に，預金をおろそうとする**人々がつめかけたという事件**につながったんです！
この地域では数年前，実際に金融機関が破綻したことも影響したようです。

うっわ～！ まさに大事件ですね。

騒動の発端となった，「どこそこの信用金庫は危ないらしい」といううわさ話がなぜここまで広がったのでしょうか。流言の法則にあてはめて考えてみましょう。

はい！　$R \sim i \times a$ですね！

よろしい。まず，信用金庫の破綻は，自分の財産に直結する重要なことです。つまりiが大きいわけです。
そして，過去にこの地域で金融機関が破綻していたため，人々の意識の中に「金融機関の存続・破綻についての証拠なんてあてにできない」といった，情報に対する証拠のあいまいさが残っていたといいます。aも大きかったんですね。

うわあ……。iもaも両方大きかったわけですね。

ええ。その結果，iとaに比例するうわさの広がりやすさRも大きくなったのだろうと考えられています。

そういえば，昨今のコロナ禍にかかわるうわさで，「トイレットペーパーが品薄になる」という騒ぎがありました。どこのホームセンターも，トイレットペーパーの棚が空っぽになっていたなあ。

ええ，それも広まりやすいうわさのよい例ですね。
それから**命に直結する重要なことでありながら，なすすべをもたず，対処法があいまいな情報，たとえば「地震の予知」とか，「治療法のない病気」に関するうわさは広がりやすいといえます。**

地震に病気か……。
根拠のないうわさに気をつけるようにします。

エスカレーターの立ち位置は，まわりの人しだい

不思議な話ですが，集団の中には，その集団の中でしか通用しない，**暗黙のルール**ができあがることがあります。

そういえば，会社の上司が「昔は暗黙のルールで，先輩よりも早く帰るなんて許されなかった」っていってました。

そうですか。それから，「子どもが家に帰る時間」などもそうでしょうね。友達同士で楽しく遊んでいても，決まった時間になると，だれがいいだすわけでもないのに，みんな自分の家に帰ろうとします。

ああ，子どものころってそんな感じだったなあ。一体どんな心理がはたらいているんでしょう？

これは**同調**とよばれる現象です。
同調とは，まわりの人たちの行動や考えをよいものだと受け入れて，本来の自分の行動や考えを，まわりの人たちと同じように合わせる現象です。

どうちょう……。

それから，**心から納得してはいないけれども，集団の中でつまはじきにされないために，むりやり自分の行動や考えをまわりの人たちに合わせる場合もあります。**

むりやりまわりに合わせる？

とあるアイドルのファンである友人たちとの会話で，自分もファンであるかのようにふるまう，といった経験はありませんか？
これも同調の例ですね。

たしかに。日常で同調していることって，とてもよくありそうです。

このような**同調の圧力**を，私たち人間がいかに受けやすいのかを示した実験があるので紹介しましょう。
一つは，アメリカの心理学者**ソロモン・アッシュ**（1907 ～ 1996）が行った実験です※。

※出典：Asch, S.E. (1951). Effects of group pressure on the modification and distortion of judgments. In H. Guetzkow (Ed.), *Groups, leadership and men*(pp. 177–190). Pittsburgh, PA:Carnegie Press.

右のイラストのように，1本の線が引かれた**カードNo.1**と，A，B，Cの３本の線が引かれた**カードNo.2**を実験参加者８人に見せます。

カードNo.2の３本の線は長さがバラバラなんですね。

ええ。カードNo.2の線の中には１本だけ，カードNo.1の線と同じ長さの線があります。それがどれかを答えるテストなんです。
イラストを見てもわかるように，答は非常にわかりやすいものです。

どう見ても答えはCです！
テストになっていないような気がするんですが，どんな結果が出たんでしょう？

ふふふ，実はこの実験参加者のうち，**7人はサクラ**なんです。サクラ7人が順に答えていき，最後に本当の実験参加者（被験者）が答えます。
テストは18回行われ，そのうち12回で，サクラは一致してわざと**誤った答え**を出したんです。

なるほど，被験者以外はみんなサクラだったんですね。

はい。実験の結果，なんと被験者の**3分の1**が，12回中6回以上で，サクラにつられて誤った答えを出したのです。パーセンテージで表すと，**平均同調率は32%**。

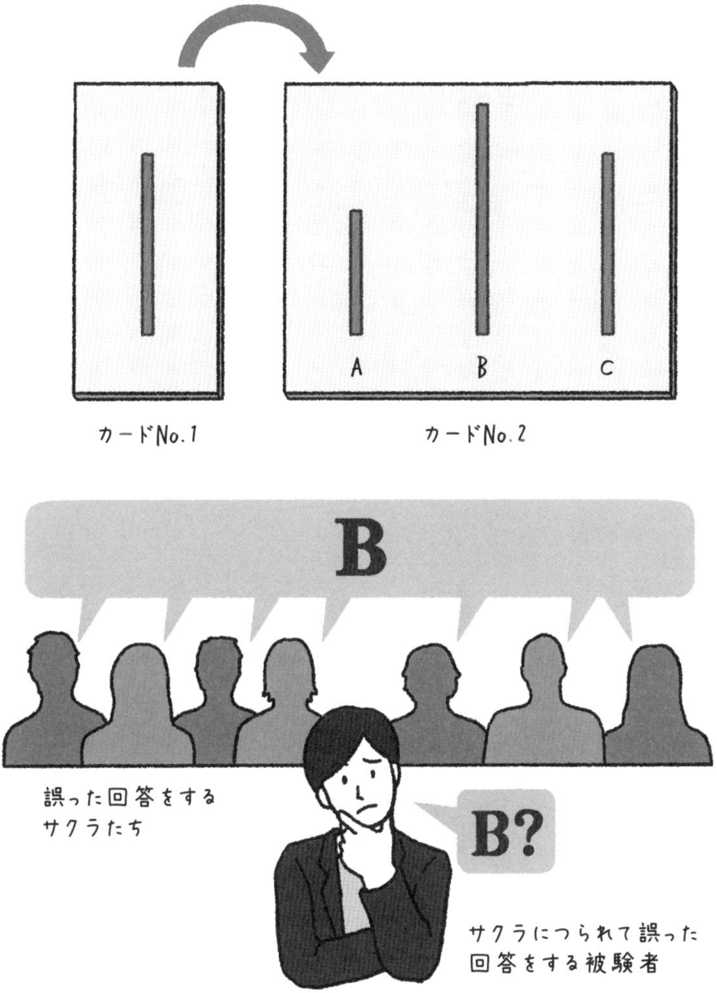

えっ，そんなにつられるもの!?

そうなんです。正しく回答するサクラが一人でもいた場合，**平均同調率はわずか5.5％**でした。また，被験者が一人でこの問題に取り組んだ場合は，正答率はほぼ100％でした

ひえぇ，**同調おそるべし……！**

もう一つ実験を紹介しましょう。**エスカレーター**を使ったものです※。
関西地方でエスカレーターに乗るときは，歩いて移動したい人が**左側**，止まったまま移動したい人が**右側**という暗黙のルールがあります。

関東と関西で逆だって聞いたことがある気がします。

実験は，大阪のエスカレーターにサクラを乗せて行われました。サクラは，「止まったまま移動したい人は右側に乗る」という暗黙のルールに反して，左側に乗って止まったまま移動しました。

すると，どうなったんでしょう？

サクラがいないときよりも，左側に乗って止まったまま移動する人の割合が多くなったんです（右ページのイラスト）。

おお！　関西人も同調！

ちなみにこの傾向は，関西在住者の少なかった大阪空港駅で，より顕著に出ました。

なるほど。それも興味深いですね。

※出典：釘原直樹(2011)，グループ・ダイナミックス 集団と群集の心理，有斐閣

サクラが左側に乗って止まったまま移動すると?

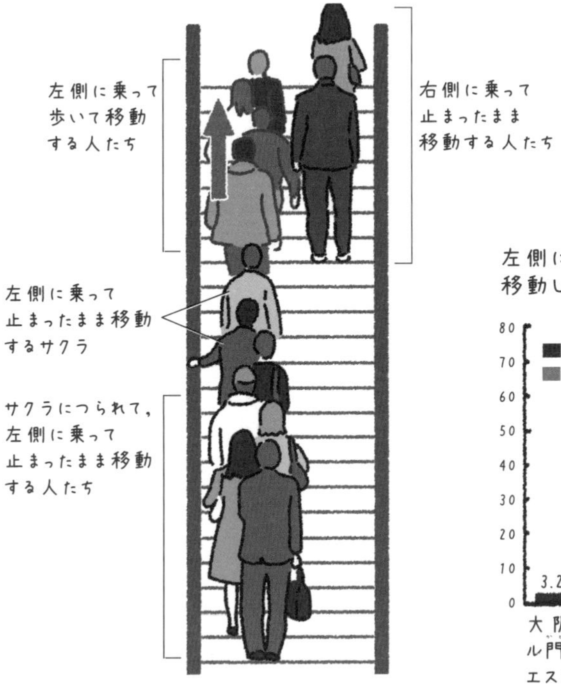

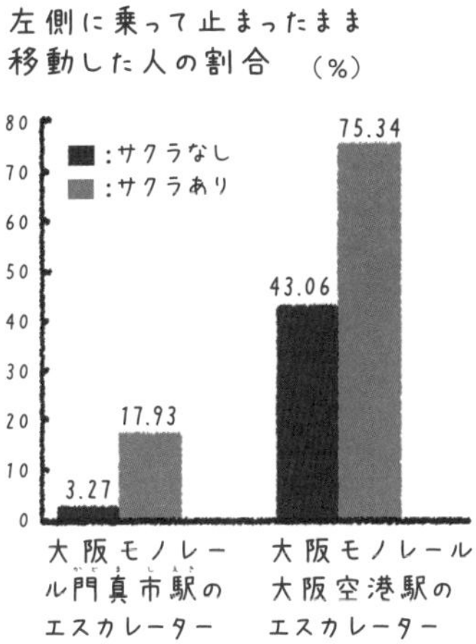

同調は,ほかのメンバーから嫌われたくないという心理や,多数派の意見によって自分の意見を信じられなくなる心理がはたらくことで生じているのではないかと考えられています。

ポイント!

同調

本来の自分の行動や考えを,まわりの人に合わせる現象。

たしかに，まわりとちがった行動をとるのは不安で，ついついまわりに合わせてしまうのはよくわかります。

話し合いの結果は，ハイリスクなものになりがち

物事を決断する場合，一人で決めるよりも，みなで話し合って決めるほうがよい，といわれたことはないでしょうか。

あります。自分一人だけで決めるより，ほかの人のアドバイスなども取り入れたほうが，よりよい決断ができそうですもんね。

確かに，複数の人間で話し合いをしたほうが，かたよらずに公平に物事を決めることができるようにも思えますよね。しかし，集団で話し合って決断を下すときには，一人で決断するときには生じなかった**危険**がともなう場合があるんですよ。

えっ……？ 危険，ですか？

はい。それが**リスキーシフト**とよばれるものです。**これは，集団で話し合いをすると，一人で決断するときよりも，「報酬が高いが危険も高い行動」を選択しやすくなるという現象です。**

ハイリスク・ハイリターンの選択をしてしまう，ということ……？

ええ，そういうことです。それを示す実験があります。
次の質問項目は，1961年，アメリカの心理学者**マイケル・ワラック**が開発した**CDQ（選択肢ジレンマ質問紙）**というものです。
これには，「得られる報酬は高いが危険も高い選択肢」と，「報酬は低いが危険も低い」という二つの選択肢のどちらかを選ばせる，12の場面が書かれています。

1	電気技師が，平凡だが適当な給料をかせげる今の仕事をつづけるか，それとも今よりかせげるが長期的な安定が保証されない新しい仕事につくか。
2	心臓病患者が，成功すれば完治するが失敗すれば死ぬ危険のある手術を受けるか，それとも手術せず生活態度をきびしく節制するか。
3	平均的な財産をもつ人が，相続したいくらかの遺産を低い配当の優良株に投資するか，それとも大きな利益がみこめるが危険をともなう株に投資するか。
4	ライバル校とのフットボールの試合の最終プレイで，主将が同点をねらうほぼ確実なプレイを選ぶか，それとも成功すれば逆転勝ちになるが失敗すれば絶対に敗北するプレイを選ぶか。
5	事業の拡大をめざすアメリカの企業の社長が，投資収益がふつうの国内に新しい工場を建設するか，それとも収益はとても大きいが政情が不安定な外国に建設するか。
6	大学院で化学を専攻したい大学4年生が，非常にきびしく少数の院生しか博士号をとれない有名大学に進学するか，それとも有名ではないが院生のほとんどが博士号をとれる大学に進学するか。
7	全米チェス選手権で，ランクの低い選手が1回戦でトップシードの選手と対戦しているときに，妙策がひらめいた。うまくいけば勝利するが失敗すれば確実に負けるその手を，使うかどうか。
8	かなり音楽的な才能のある学生が，医学部に進学して将来が安定した進路をとるか，それともピアニストになるという将来の安定が保証されない進路をとるか。
9	戦争中の兵士の捕虜が，もしつかまれば処刑される危険な脱出を試みるか，それともこのまま非常に苦しい収容所にとどまるか。
10	市民としての責任を強く感じている成功した実業家が，運動資金が限られている少数党の公認候補として，立候補するかどうか。
11	物理学者が，大学での5年雇用契約のはじめに，確実に解決できるがあまり重要でない，短期間で成果の出る問題を研究するか，それとも非常に重要だが非常に困難で，5年間では何も成果が出ないかもしれない研究をするか。
12	最近ある重大な意見の相違に気づいた婚約者同士が，結婚するかどうか。幸福な結婚は一時的には可能だが，一生の幸せを約束することはできないと結婚カウンセラーにいわれている。

（出典：『社会心理学』白樫三四郎，外山みどり／編著，八千代出版，2003年発行を一部改変）

ハイリスク・ハイリターンと，ローリスク・ローリターンのどちらを選ぶか……。
うーむ，どの質問も絶妙に悩ましい状況ですね！

アメリカの心理学者**ジェームズ・ストーナー**は，このCDQを使い，被験者たちが単独で決定した回答と，話し合いで決定した回答をくらべてみました。

どうなったんでしょう？

するとですね，**話し合って出した回答のほうが，危険度の高い選択肢を選ぶ傾向が顕著に高いことが示されたんです。**

へぇ〜！
決断に加わる人数が多いと，だれかがストッパー役になって，無難な選択をすることになりそうですけど。逆なんですか！

ええ，そういうことになります。
さらにその後の研究から，集団の決断には二つの傾向があることがわかったんです。
まず，**物事の決断に慎重な人たちが集まって話し合いを行うと，一人のときの決断よりもさらに慎重な方向に傾きます。**そして反対に，**危険をかえりみない人たちが集まって話し合いを行うと，一人のときよりもさらに危険の高い決断に傾くんです。**

両極端な結論になりやすいということですか。

そうなんです。両者をまとめて**集団極化**とよびます。集団極化がおきる理由はいくつか考えられます。一つは，**参加者それぞれが，自分の存在をアピールしようとするためです。**

えっ，**アピール!?**

あいまいな意見よりも極端な意見をいったほうが，集団の中で自分の存在をきわだたせられると考えて，それぞれがより極端な意見をいおうとするんですね。

なるほど。

もう一つは，集団内の多くのメンバーの考えが同じ方向にかたよっているため，その方向に話が進みやすくなり，最終的に全員がその意見に説得させられるためです。

あー，あるあるですね。
集団での決断に，こんな**落とし穴**があったとは！

でも，リスキーシフトは危険な決断を生みだす傾向がありますけれど，場合によっては，**その思いきった決断が，大きな壁を打ち破る力を生むこともあるんですよ。**

そうか，そういうメリットもあるわけですね……！

このように，集団で行う決断は時と場合によって，よくも悪くもはたらくので，決断を一人でするべきなのか，話し合ってするべきなのか，一概にどちらがよいとはいえないんです。

ポイント！

リスキーシフト

集団で話し合いをすると，一人で決断するときよりも，危険な決断を生みだしやすくなる。
しかし，思いきった決断が大きな壁を打ち破る力を生むこともある。

人が多いと，手を抜きやすくなる

次は，他人との**共同作業における心理**を紹介しましょう。重い荷物をみんなで持ち上げて運ぶとき，悪いと思いつつも，「自分一人くらい力を抜いても何とかなるだろう」と考え，力を抜いてしまった経験はないですか？

あ～，ありますねえ……。

これは**社会的手抜き**とよばれる心理です。
他人と協同で作業を行うときは，単独で作業を行うときより一人の出す努力の量が小さくなるんですね。
さらに，作業にかかる人数が多ければ多いほど，努力の量には差が出ることもわかっています。

このような心理も，実験で確かめられているんでしょうか？

ええ。この社会的手抜きを確かめる，つり革の装置を使った実験があります※。
この実験では，装置のつり革を，9人の被験者一人一人に力いっぱい引いてもらい，その張力を測定します。

※出典：釘原直樹(2013)，人はなぜ集団になると怠けるのか「社会的手抜き」の心理学，中公新書

被験者たちには，事前に「1回目と12回目だけ個人の張力を記録し，ほかは全体の張力を記録します」とアナウンスがありました。
しかし，実際にはすべての測定時で個人の張力を記録していました。

な，なるほど～！　全員の合計しか記録されないのなら……と，ついサボっちゃう人がいるかどうかを見る実験なわけですね！

その通り！　実験の結果は次のグラフのようになりました。

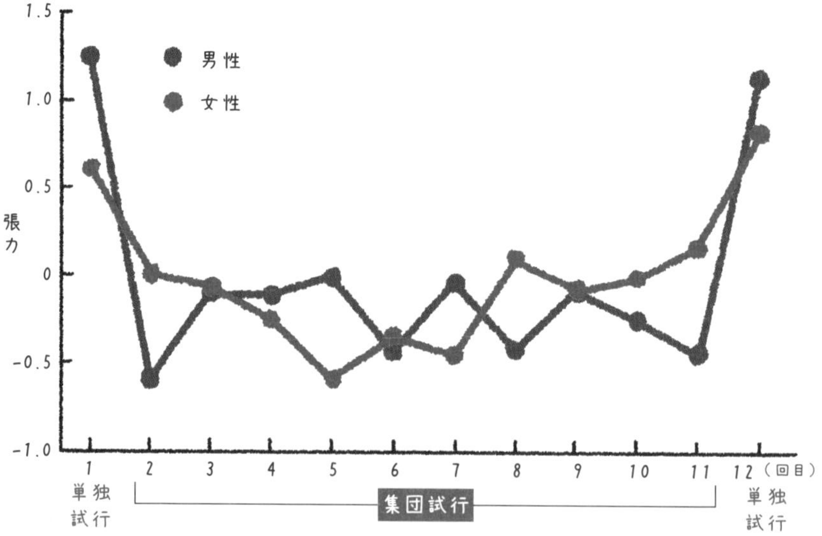

グラフに見られるように，「個人の力が記録される」とアナウンスされた1回目と12回目よりも，「集団の力が測定される」とアナウンスされた2回目から11回目のときのほうが，圧倒的に個人の張力は小さかったのです。
この傾向は男性で顕著に見られました。

うわぁ，こんなにハッキリ差が出るものなのか！
社会的手抜きって，集団で仕事をするときに厄介ですよね。「自分一人くらいサボっても大丈夫」と，それぞれ全員が手を抜いてたら，仕事が進まなくなってしまいそうです。

ええ，**このような社会的手抜きは，集団で仕事をするときに，仕事の効率をさまたげるおそれがあります。**
社会的手抜きを防ぐ方法としては，まず，一人一人の貢献度がはっきりわかるようなシステムをつくるべきですね。また，集団全体の現状の成果をリアルタイムで知らせることも効果があるでしょう。

これは納得です！　だれだって，自分のがんばりが認められなかったら嫌ですもん。

さらに，作業をする仲間同士で信頼関係を築くことも大事でしょうね。

わかります。
同僚が信頼できる人だと，「あの人は手を抜くような人じゃないから，自分もがんばろう」って思えます。

ええ。自分だけががんばって損をしているのではないかという不安もなくなるし，能力の低い人がまわりに迷惑をかけられないと思い，意欲を向上させるという協同作業のよい面を引きだすこともできます。

ポイント！

社会的手抜き

他人と協同で作業を行うときは，単独で作業を行うときより一人の出す努力の量が小さくなる。

社会的手抜きを防ぐには，一人一人の貢献度がはっきりわかるシステムの構築が必要。

都会の人ほど，見て見ぬふりをする

先ほどの社会的手抜きに似た心理をもう一つ紹介しましょう。人ごみの中で，親とはぐれて泣いている子どもがいるのに，つい，声をかけずに通りすぎてしまったという経験はないでしょうか。

なきにしもあらずといいますか……。
どうしよう，何かしてあげたほうがいいのかな，とハラハラしながら遠くから見守るけど，結局声をかけたことはないんですよね。

これは，**傍観者効果**とよばれる心理です。
人は，周囲に人が多いと，「自分が助けなくてもだれかが助けるだろう」「何かあっても自分だけの責任ではない」などというふうに，自分から進んで手助けすることが少なくなる傾向があります。

ぼうかんしゃこうか……。

一人一人の責任が分散したように感じられることが原因ではないかと考えられています。
それに，手助けをしないまわりの人の行動が，その場では適切なもののようだと受け入れてしまうことも原因の一つです。つまり，**同調**ですね。

この傍観者効果が注目されるようになったのは，ある事件がきっかけです。

じ，事件!?

1964年，アメリカ，ニューヨークで，女性が暴漢に襲われ，死亡した事件がありました。
当時の報道によると，事件がおきた時刻に，38人もの人が女性の叫び声や物音を聞いていたにもかかわらず，だれ一人，女性を助けに行ったり，警察に電話したりすることはなかったといいます。

そんなひどい事件が……。

ここで，アメリカの心理学者ビブ・ラタネらは，**「38人もの人が事件を認識していたにもかかわらずだれも助けに行かなかった」のではなく，「38人もの人がいたからこそだれも助けに行かなかったのでは？」**という疑問をもち，実験による検証を進めました※。

多くの人が認識していたことが，逆にあだとなったと考えたわけですね。

はい。実験では，部屋に被験者の学生が一人で入り，マイクつきのヘッドフォンを使って，別室にいる学生たちと大学生活についての討論を行います。この別室の学生たちはすべてサクラです。
そして討論の最中に，サクラの一人が発作をおこす，という設定の実験です。

※出典：Darley, J. M. and Latane B. (1968). Bystander intervention in emergencies: Diffusion of responsibility. *Journal of Personality and Social Psychology, 8*(4), 377–383.

サクラの発作は演技なんですよね？

そうです。
実験監督者は，この話し合いを傍聴していないことになっています。さらに，発作をおこすサクラが話をしているとき，被験者を含むほかの学生たちの声はたがいに届かない設定になっています。

いったい，どのような結果が出たんでしょうか？

実験に参加していたのが発作をおこすサクラと被験者の二人だけだった場合，84％の被験者が，発作が終了するまでに実験監督者のところに走り，事態を報告しました。

ふむふむ。

ところが，被験者と発作をおこすサクラのほかにもう一人実験参加者がいた場合，報告する割合は62％，４人の実験参加者が話し合いに参加していた場合は31％にまで減ったのです。
さらに，**行動をおこす時間も，実験参加者の人数が多くなるにつれ，遅くなりました。**

うわあ，傍観者効果がはっきりと確かめられたわけですね。

ええ。
たとえば，都会は田舎よりも，困っている人を見ても助けない“冷たい人”が多いとよくいわれます。
アメリカの心理学者**ロバート・チャルディーニ**は，都会は田舎よりも人が多く，知り合いも少なく，騒々しくて事件かどうかを見きわめることが困難なため，**田舎よりも傍観者効果がおきやすい**ことを発表しています。

うーむ，人の多い街中でだれかに助けてほしいときはどうすればいいんだろう……？

そういったときは，「**だれか**」という不特定多数に助けを求めるのではなく，「**そこのあなた，助けてください**」と，具体的に助けを求めたほうが，助けてもらえる可能性が高くなるといえるでしょう。

なるほど！　覚えておきます！

ポイント！

傍観者効果

事件がおきたとき，周囲に多くの人がいると自分から進んで手助けすることが少なくなる現象。

人数が多いと，パニックがおきやすい

次の話題は，**集団のパニック行動**です。
航空機の事故や，建物内で火災がおきたとき，あなたはどのような行動をとるでしょうか。

うーん，やはりパニックにおちいるでしょうね。
とにかく助かろうと思って，出口を探します。

緊急事態における集団のパニック行動を見るための実験があります。

この実験は，それぞれの被験者がテレビゲームのような感覚で，前進，攻撃，譲歩の三つのボタンをあやつりながら，限られた制限時間内に出口から脱出する仮想ゲームを用います。前進ボタンを100回押すと脱出成功です※。

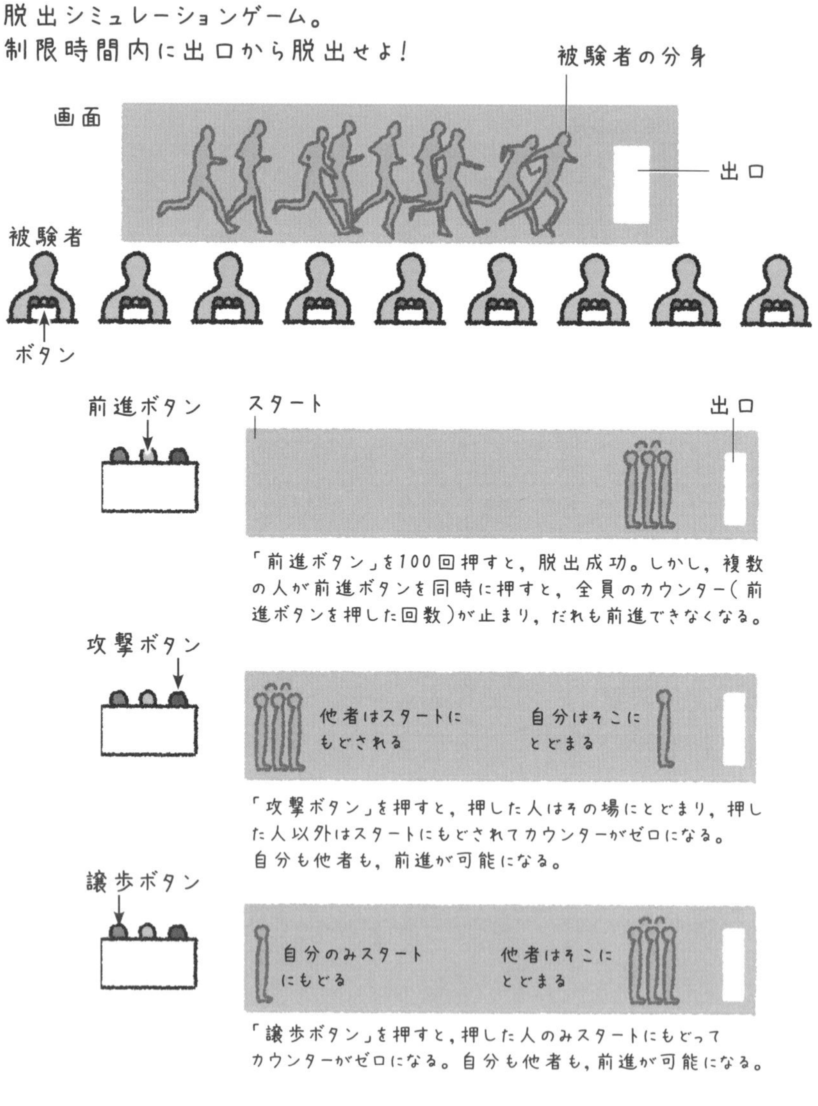

※出典：釘原直樹(2011)，グループ・ダイナミックス 集団と群集の心理，有斐閣

複数の人が前に進もうとして，同時に前進ボタンを押すと，だれも前に進めなくなります。
ここで，他者を攻撃して自分が先頭をきって前進するか，自分が後ろに下がって道をゆずり（譲歩），他者のあとから前進するかの選択をせまられます。
なお，動けない，前進可能，脱出成功といった，参加者全員の状況が，目の前のパネルに表示されるしくみになっています。

結果はどうなったんだろう？　ドキドキ……。

実験結果を見ると，制限時間や一度に脱出できる人数を増やしているにもかかわらず，**集団の人数増加にともない，全員脱出の成功率は低下していきました。**

集団の人数ごとの脱出成功率

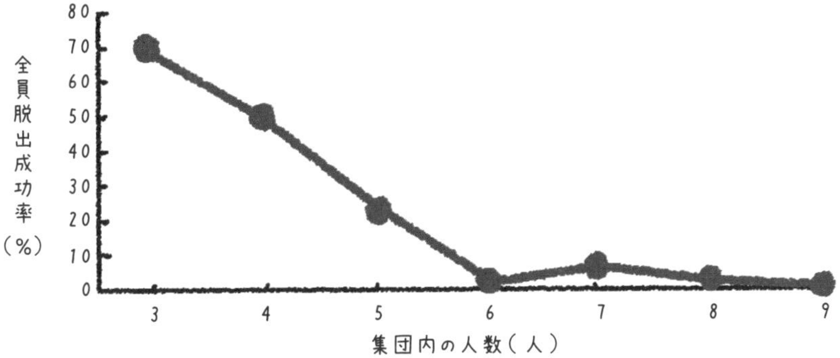

そうですか……。
たしかに実際の災害などでも，人数が多いほど混乱が大きくなりそうなイメージはあります。

全員脱出が成功しなかったケースで一人一人の行動を見てみると，制限時間がせまるほど譲歩ボタンを押す回数は減って，攻撃ボタンを押す回数が多くなっていました。
この，**「攻撃されて攻撃をやりかえす悪循環」が，脱出を困難にしていると考えられます。**

攻撃回数と譲歩回数の時間変動　※全員脱出に失敗した6人集団のケース

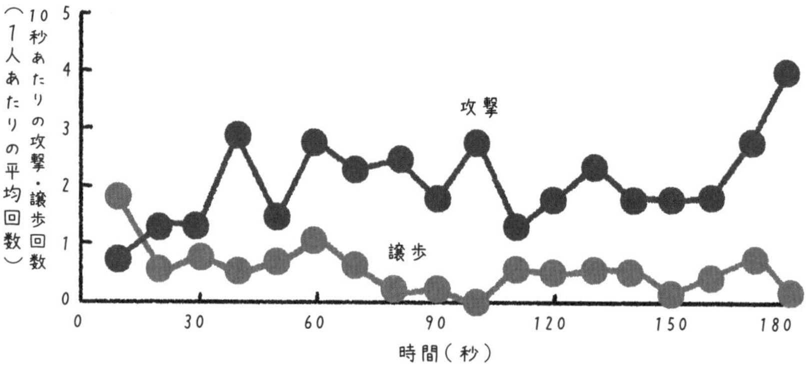

人は，順番を待てば報酬が得られると思うからこそ理性的な行動が取れます。
しかし，そこに割りこみ（攻撃）がおきると，このまま順番を待っていたら自分は報酬をもらえないのではないかとあせり，自分も割りこみをしてしまうんです。
こうして人々の中にあせりが生じ，パニックがおきるんですね。この現象は，株価の暴落やバーゲンでも見られます。

人はあせると，本当に冷静な判断ができなくなるんですね……！

はい。加えて，興味深い実験結果もあるんですよ。
集団がたがいに知り合いである場合は，そうでない場合よりパニックがおきにくく，全員の脱出成功率が上がったんです。

へぇ～！

また，個々の状況を示すパネルを見えなくしたときの被験者たちの発言内容と脱出成功率の関係を調べたところ，**リーダーシップを発揮する発言や他人に配慮する発言，状況を説明する発言があるときは，脱出成功率が上がりました。**

やっぱり，コミュニケーションは大切！

権威に服従すると，人は残酷になる

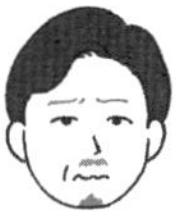

第二次世界大戦中，ナチス・ドイツのアドルフ・ヒトラーによって，大量のユダヤ人が強制収容所に運ばれ，虐殺されたという悲劇はだれもが知るところでしょう。

はい。
許されることではないと思います。

この大虐殺に関与した**アドルフ・アイヒマン**は，「ヒトラーからの命令にしたがっただけだ」と，みずからの責任を否定したんですね。
アイヒマンのように，強大な権威のもとでは，私たちはどんな命令にもしたがってしまうのでしょうか。
アメリカの社会心理学者**スタンリー・ミルグラム**は，「記憶力のテスト」と称して，次のような実験を行い，**権威に服従する心理**について検証を行いました※。

どんな実験なんだろう……？

ミルグラムは，被験者に「**先生役**と**生徒役**に分かれて，簡単なテストを行います」と説明したうえで，被験者全員を先生役にしてテストを行いました。
ちなみに，生徒役は全員サクラです。

ふむふむ。

先生役は，生徒役が答えをまちがえたときに，罰として**電気ショック**を加えます。
さらに，生徒役がまちがえるたびに，電気ショックの電圧を15ボルトずつ上げなければなりません。

ひえぇ，そんな罰ゲームみたいな実験があったんですか！

なお，被験者が操作する電源には，15～450ボルトの電撃のスイッチがあり，スイッチの下にはそれぞれの電圧の危険度を示す言葉が記載されていました。

※出典：Milgram, S. (1963). Behavioral Study of obedience. *The Journal of Abnormal and Social Psychology, 67*(4), 371–378.

えーと，それはつまり，被験者は「スイッチを押したら相手の身が危険な状態になるかも」ということを理解したうえで実験がスタートする……ということですか？

そうなんです。もちろん，生徒役に実際に電流を流すわけではありませんよ！
生徒役はサクラですから，悲鳴を上げたり，気絶するふりをしたりと，電気ショックを受けている演技をします。

よかった〜！
実際に電流が流れるわけではないんですね。でも，先生役の被験者は電流が流れていると思うわけですよね。

ええ，そうです。実際に，悲鳴をあげる生徒役のようすを見かねた先生役の被験者から，「実験を止めるべきではないか」と提案されたケースもあったといいます。
その場合でも，実験者は実験をつづけるよう指示をしました。

うーむ。キツい実験ですね。それで，どんな結果が出たんでしょうか？

この実験では，なんと被験者の**65%**が，電圧が最大になるまで実験をつづけたんです！
先生役は，自分の意思で実験を放りだすこともできたはずですが，実験者からの指示にしたがって電圧を上げつづけたんです。
ミルグラムはこの結果を「被験者が権威に服従した結果である」と考えました。

恐ろしい……。

ミルグラムが集めた被験者は，20〜50歳までのアメリカ人男性で，会社員，博士，教師，エンジニアなど，さまざまな職業の人がいたといいます。
つまり，わたしたちと同じ，**ごく普通の人たち**だったんですよ。

私たちのだれもが，アイヒマンのように，権威に服従して残酷になる可能性がある，ということでしょうか。

ええ，そういうことになりますね。

偉人伝❷

分析心理学を立ち上げた，カール・グスタフ・ユング

カール・グスタフ・ユング（1875 〜 1961）は，初期の精神分析の発展にフロイトと共に貢献した人物です。ユングは，1875年，スイスのケスヴィルでプロテスタントの牧師の家に生まれました。バーゼル大学医学部を卒業後，チューリッヒ大学で精神医学を学び，さらにフランスで精神病についての研究をしました。その中で精神分析に惹かれ，フロイトが立ち上げた「ウィーン精神分析協会」（国際精神分析学会の前身）の初期メンバーとなり，フロイトと共に無意識についての研究に打ちこみました。

フロイトとの決別

無意識の研究が進むにつれ，やがていろいろな点で両者の意見は食いちがい，袂を分かつこととなります。たとえば，フロイトが心を動かす本能的なエネルギーを性的なものであると考えたのに対し，ユングは必ずしも性的なものではないと考えていました。

また，フロイトは無意識を個人的なものに限定しましたが，ユングは臨床の経験などから個人的な無意識以外にも人類が共通にもつ集合的無意識があると考えました。こうしてユングは1912年頃にフロイトと決別して，自分の心理学の独自の考え方を突き詰めていきました。

ユングは性格タイプを考え出した

ユングは人間の「タイプ論」を考えました。大きく分けて

人間には，外向型と内向型の異なる二つの態度があるとユングは考えました。一般的に外向的な人は社交的で，多くの人に興味をもって，交友関係も広いといわれています。一方，内向的な人は交友関係は狭いものの，自分の内側に目を向けて，一つのことを極める人も多く，少々の障害ではブレない強さをもっています。この二つのタイプは生まれつきの個人的素質に基づいているとユングは考えました。また，この二つのタイプ以外にもほかのいくつかの性格タイプを考えだし，このようなタイプ論は個人の人格を深く知るために用いられました。こうした心を分析する手法を確立したユングの心理学は分析心理学といわれています。

3
時間目

損得勘定の心理学

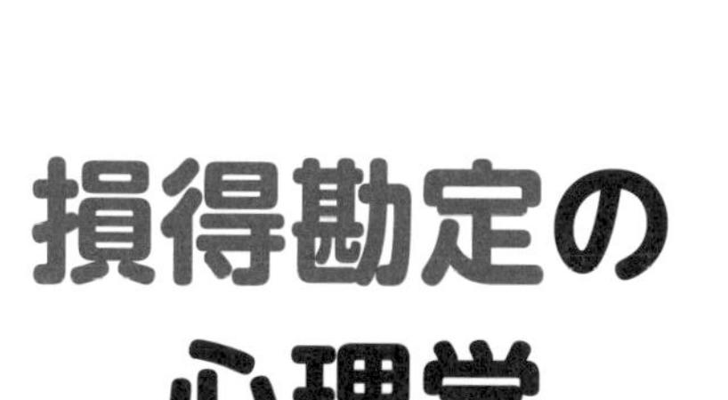

STEP 1

どちらが得かを決める心の動き

私たちは日々，少なからず損得を考えて行動しています。でも，得だと思ったことが，思わぬ結果になることがあります。ここでは，損得勘定の裏にある意外な心理を見てみましょう。

「得」よりも「損」の衝撃が大きい

ここからのテーマは**損得勘定の心理**です。
これからあなたに二つの質問をします。いいですか？

なんだかドキドキしますが……，どうぞ。

質問1！
まずあなたに**1万円**をあげましょう。
そのあとに「さらに必ず5000円をもらう」か，「五分五分の確率でさらに1万円を手にできる賭けをする」かを選ぶことができます。
さて，あなたならどちらを選びますか？

ええっと……，**五分五分の確率**か……。
うーん，今手元にあまりお金がないので，堅実に，絶対確実な「5000円をもらう」を選びます！

ふむふむ，わかりました。では**質問2！**
今度は，まずはじめに**2万円**をあげましょう。
そのあとに，「そこから必ず5000円を返す」か，「五分五分の確率で1万円を返す賭けをする」か，どちらか選んでください。

えー，今度は返すんですか？
だまって5000円返すくらいなら賭けをしますよ。だって五分五分の賭けに勝てたら1円も返さなくていいし，負けても1万円は手もとに残るんだから。堅実な私でも賭けを選びます。

おや？ 変ですねぇ。
質問1も質問2も，賭けを選ばない場合，確実に1万5000円をもらえますよ。
そして賭けを選んだ場合，五分五分の確率で勝てば2万円，負ければ1万円です。ということでどちらも同じ条件ですよ。

あれれ，じゃあなんで質問1では賭けない方を，質問2では賭ける方を選んじゃったんだろう？

実際に実験を行うと，質問1では，賭けない方を選ぶ人が多く，質問2では賭ける方を選ぶ人が多くなるんです。

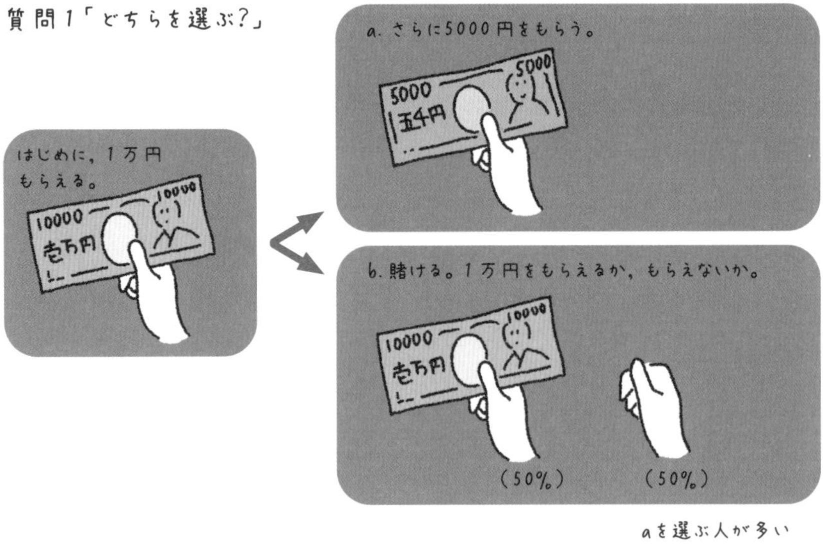

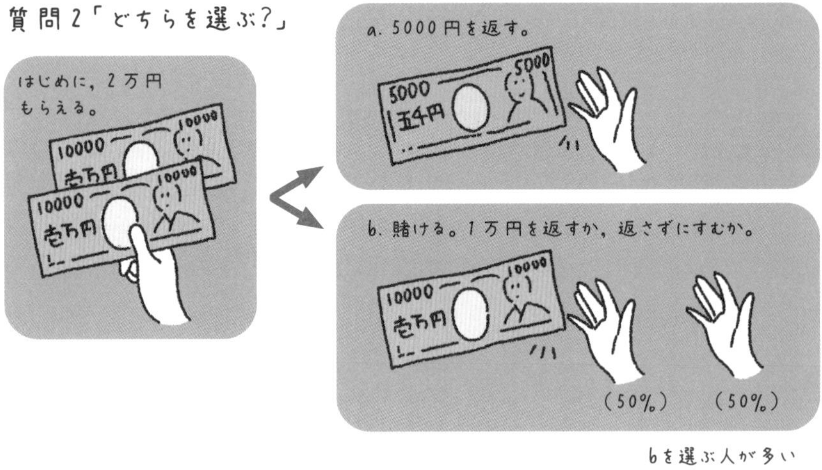

なぜ，このような結果になるのでしょうか？

このような結果が出るのは，私たちが損をしたときと得をしたときで，感じ方がちがうからだと考えられています。
アメリカの心理学者で行動経済学者の**ダニエル・カーネマン**と**エイモス・トベルスキー**が1979年に発表した**プロスペクト理論**によると，**人は同じものであっても，得るときに感じる価値よりも失うときに感じる価値の方が大きくなるのです。**

ポイント！

プロスペクト理論

人は同じものであっても，得るときに感じる価値よりも失うときに感じる価値の方が大きくなる。

失うときのほうが価値が大きい……。
そうか，だからさっきの質問では，失わずにすむ方の選択をしてしまったんですね。

そうです。
プロスペクト理論によると，人は損のインパクトを，得のインパクトの約2.25倍強く感じてしまうんです。
つまり，1万円損することは，2.25万円得することと同じ心理的インパクトがあるんです。
ですから，**人は何かが失われそうになると，それを失わずにすむ方法を選択する傾向があります。**
この性質は**損失回避性**とよばれています。

そんしつかいひせい……。

先ほどの質問1では，もらえるはずのお金をもらえなくなる可能性を考えてしまうため，賭けに出る人が少なくなったと考えられます。一方，質問2では，「5000円を返す」と損するように感じる人が多く，賭けに出る人が多くなったと考えられます。

やせた自分より，目の前のケーキが魅力的

価値の感じ方について，もう一つ例を紹介しましょう。
「朝，夕食後に食べるケーキを，ダイエットのためにやめようと決心したのに，結局夕食後にケーキを食べてしまった！」。こんな経験はありませんか。

あります！
時間が経つと，つい誘惑に負けて……。

人はなぜ，目の前の誘惑に弱いのか？
これは，ダイエットを決心したときは，将来の「**やせた自分の価値**」の方が高かったのに，ケーキを目の前にすると，「**ケーキの価値**」の方が高くなるために，心変わりがおきてしまうからだと考えられます。

価値の感じかたが変わるってことですか？

ええ，その通りです！　そして**その時々で価値が高い方を選ぶという判断をしているのです。**

ダイエットをしようと決心したとき，将来のやせた自分の価値とケーキの価値を天秤にかけています。そして，将来のやせた自分の価値を優先すべきと判断しています。ところが，ケーキを目の前にすると，ケーキの価値が将来のやせた自分の価値を上回り，心変わりしてしまうんです。

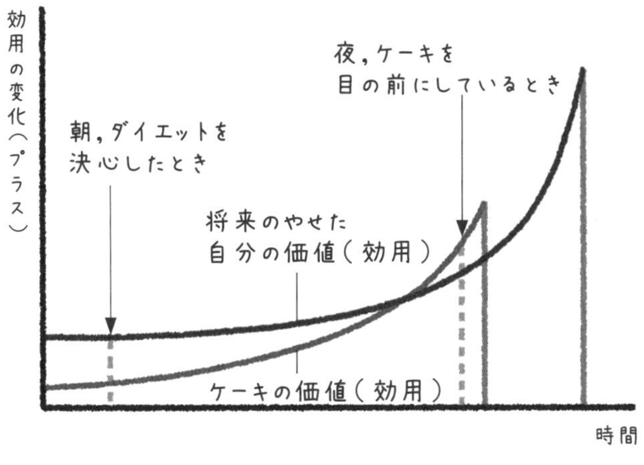

同じような例で次のような実験があります。
「今日ケーキを一つもらうか，明日ケーキを二つもらうか」という質問をして，どちらにするか選んでもらうという実験です。

それは，明日二つもらった方がお得ですよね！

ところが！　この実験では，「今日ケーキを一つもらう」と答えた人の方が多かったのです。
ケーキが目の前にあると，たとえ一つであっても，明日の二つより価値が高くなる人が多くなるようです。

なるほど。だから，今日ケーキを一つもらうと答える人が多くなるんですね。
ものの価値は，自分の状況によって時々刻々と変化するってこと，よく覚えておきます。

割り勘にすると，ついつい注文しすぎる

友達や職場の仲間など，大勢の人と食事に行ったとき，お勘定を**割り勘**にすることってありますよね？

はい，同僚と飲みに行くときにはいつも割り勘です。
割り勘にするとみんな平等だし，負担も分散して小さくなりますからね。

そう思いますよね。でも，実は割り勘には大きな**落とし穴**がひそんでいるんです。

割り勘に落とし穴が!?

もし，あらかじめ「今日は割り勘ですよ」と知らされると，「どうせなら高いメニューを選んでしまおう。一人一人の負担は小さいだろうし……」と思うことはないですか？

ドキ……それはあるかも。

「割り勘なのに自分だけ安いメニューを頼んだら損した気分になる……」。そう考えるのはあなただけではないはずで，おそらく食事に行った全員が，あなたと同じことを考えるでしょう。

それじゃあ，みんなが高いメニューを頼んじゃって，全員分のお勘定が高くついてしまう……。
あれ？ 結局損になってる？

そうなんです！
自分の利益を考えて取った一人ひとりの行動が，結局全員を損させることにつながることがあります。
これを**割り勘のジレンマ**といいます。
同じような問題は世の中のさまざまなところでおこります。

割り勘のときだけじゃないんですか!?

はい。たとえば，放牧ができる共有地で，農民一人ひとりが自分の利益のために家畜の放牧数を増やしたらどうなるでしょうか？

あっという間に牧草がなくなってしまいますね。

ええ。あるいは，水不足にそなえて，国民一人ひとりが少しでも多く水を確保しようと行動すると，それが水不足を招いてしまうことがあります。
このような例が割り勘のジレンマです。
割り勘のジレンマは，私たちが気づかないうちに，広く世の中でおこっています。そのため，割り勘のジレンマのような状況は，**社会的ジレンマ**と呼ばれています。

ポイント！

割り勘のジレンマ

自分の利益を考えてとった一人一人の行動が，結局全員を損させることにつながることがある。

得するつもりが結局，損をしてしまうんですね……。

半端な値段はお得に感じる

今度は**商売の心理学**について取り上げます。
百貨店や電気屋に買い物に行ったとき，**1980円**といった値段の商品をよく見かけませんか？

イチキュッパですね！
先日，在庫一掃セールでワイシャツ2枚が1980円でした！
でも，そういえば，なんでこんな中途半端な値段なんでしょう？　キリよく2000円にしてくれたら計算しやすいのに。

実は，この値段の設定にも心理学が応用されているのです。

ええっ！　在庫一掃セールにも心理学が!?

はい。次のような実験があります※。
1996年，アメリカの心理学者**ロバート・シンドラー**と**トーマス・キバリアン**は，女性用の冬物衣類169点を掲載した通信販売カタログを3種類作成しましました。
それぞれのカタログに掲載されている商品は同じですが，値段設定に違いがありました。
まず，Aのカタログでは「14.99ドル」のように値段が「**.99**」で終わります。

半端な数字ですねぇ。

一方，Bのカタログでは「15.00ドル」のように，「**.00**」で終わります。

うん，キリがいいですねえ。

最後のCのカタログでは「14.88ドル」のように「**.88**」で終わります。
そして，それぞれのカタログを3万人にくばって，売れた商品数と，売上の合計を調べました。
さて，どうなったでしょうか？

※出典：Schindler, R. M., and Kibarian, T. M. (1996). Increased consumer sales response through use of 99-ending prices. *Journal of Retailing, 72*(2), 187–199.

そりゃあ，一番安いCのカタログの商品が売れたに決まってますよ！

残念！　不正解です。

えっ!?　じゃあどれが一番売れたんですか!?

売れた商品数・合計売上ともに「.99」で終わるAのカタログが一番多かったのです。
値段が一番安いCのカタログは，Aのカタログにおよばなかったどころか，一番高いBのカタログと同じ程度の商品数しか売れませんでした。

いったいなぜ!?

たとえば「1980円」という半端な値段を見たとき，消費者におきる心理的な動きは，主に二つあります。
まず，ぱっと見たときの値段が2000円台ではなく1000円台なので，2000円台の商品よりも**安い**と感じます。

確かによくわかります。

それから，半端な値段は「どうにか値下げをしてくれたあとの値段ではないか」とも感じられます。
この二つの要因によって，半端な値段になっている商品を思わず買ってしまうのです。

なるほど。……でも待てよ。半端な数字への心理的な感じ方はわかりましたが，同じ半端な数字でも，なんで「.88」のほうが「.99」よりも売れなかったんですか？

その理由はよくわかっていません。
「.88」は「.00」からややはなれた数字なので，値下げされたという意識がはたらきづらかったのかもしれません。

一番安いものより中間の値段のものを選びがち

もう一つ，商売に関する心理を紹介しましょう。
値段のことなる複数の商品からものを選ぶとき，人は無意識にまんなかぐらいの値段のものを選びやすいという心理的傾向があります。
これを**松竹梅の法則**といいます。

おや，和風ですね。レストランのコースみたい。

まさにそうです。たとえばレストランのコースメニューで，4000円の**松**コース，3000円の**竹**コース，2000円の**梅**コースがあるとすると，どれを選びます？

お金がないので，**梅**で。

えーっと……。
多くの人は，**松コース**は値段が高いから，もし満足しなかったらショックが大きい。かといって一番安い**梅コース**は満足できないかもしれない，と考える傾向にあります。

おや。

通常，高いものや安いものを選ぶとき，おのおのの損失を回避するために，まんなかを選びやすい傾向があるんです。**人は,「得をねらうよりも損を回避するほうを選ぶ」という判断傾向をもっているわけですね。**

あっ！　「損失回避性」ですね。

おーっ，よく覚えていましたね。
ちなみに，選択する数は多すぎると選ぶのに苦労するので，あまり買われにくくなるようです。
2000年にアメリカの心理学者**シーナ・アイエンガー**と**マーク・レッパー**が行った実験では，あるスーパーのジャムの試食コーナーで，ある日は**6種類**のジャムを，別の日には**24種類**のジャムを店頭に並べ，通りがかった客に声をかけてジャムを試食してもらいました※。

ふむふむ。

そしてその客のうち，立ち止まった人の割合と，ジャムを購入した人の割合を調べたのです。
すると，ジャムが**6種類**の場合，立ち止まった人は260人のうち104人で，**約40%**でした。
さらに，購入した人は立ち止まった104人のうち31人で，**約30%**でした。

へえぇ，結構多いですね。

一方，**24種類**のジャムの場合，立ち止まった人は242人中145人の**約60%**で，ジャムが6種類のときにくらべて高くなりました。

種類が豊富ですもんね。見ているだけで楽しそう。

※出典：Iyengar, S. S., & Lepper, M. R. (2000). When choice is demotivating: Can one desire too much of a good thing? *Journal of Personality and Social Psychology, 79*(6), 995–1006.

しかし，実際に購入した人は145人中たった4人で，割合にして**3％以下**という結果になりました。
選択することがたいへんになるため，結局どの商品も買わなくなるようです。

6種類のジャムの10分の1！
あー……。でもわかるかもしれない。選択肢が多いと悩んでしまって疲れるんですよ。それで，結局どうでもよくなっちゃう。

ええ。そういったことから，選択肢は多すぎない方がよいようですよ。

4

時間目

記憶と思いこみの心理学

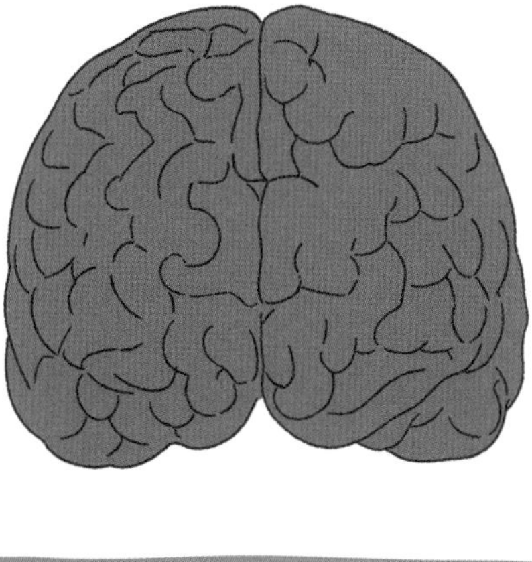

STEP 1

外の情報を感じとる心のしくみ

喜びや悲しみなど，さまざまな心の動きは，外からの刺激を，脳という「装置」が処理して生じます。ここでは「認知心理学」を通して，私たちの「心のしくみ」を理解しましょう。

心の「モデル化」で心の謎を解き明かす

4時間目のテーマは**認知心理学**です。

にんちしんりがく？

はい。人は五感を使って集めた情報から，自分自身や外の世界の状況を知り，適切な行動を考えて実行しています。**このような知覚や記憶，思考といった心の機能に焦点をあてて，そのしくみを解明するのが認知心理学です。**認知心理学は，コンピューターの発展にともなって生まれた，**比較的新しい心理学**なのです。

むむむ，むずかしそう……。
コンピューターと心理学って何か関係があるんですか？

認知心理学では，人の体を**装置**ととらえ，人の心をその装置にそなわった**ソフトウェア**だと考えるんです。

装置？　ソフトウェア？
いったいどういうことでしょうか？

たとえばコンピューターで計算を行うときには，電卓などの**ソフトウェア**を起動して，計算に必要な数字を入力します。すると，あとはソフトウェアのプログラムにしたがって，自動で計算が行われますよね。

ふむふむ。

認知心理学では，このコンピューターのしくみをヒントに，人体を，目や耳，鼻といったさまざまな感覚器官から情報を得る**装置**ととらえます。
そして人の心は，情報を処理するためのシステムやソフトウェアのようなものだと考えるのです。

ほほぉ。心のはたらきをコンピューターのソフトウェアと同じようにとらえるわけですか。

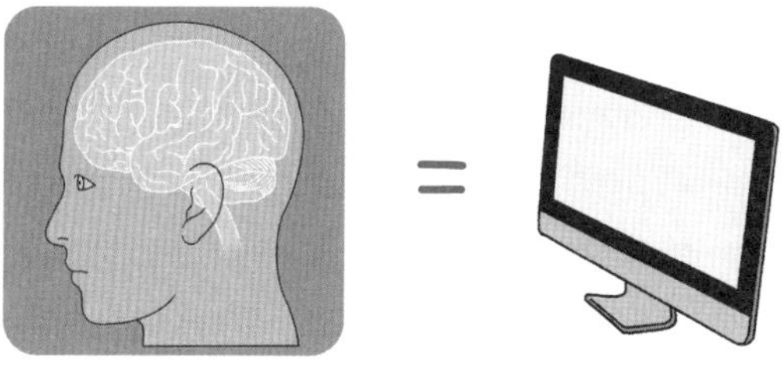

ええ，そうなんです。**私たちの感情はもちろん，注意力や記憶，思考などは，感覚器官を通じて得た情報を，「心」というソフトウェアで判断した結果，生じたものと考えることができるわけです。**

じゃあ，どうすれば，その心のしくみを知ることができるんでしょうか？

私たちの「心」というソフトウェアを理解するためには，**モデル化**が重視されています。

モデル化？

たとえば，数字がたくさん書かれている**リストを記憶**し，しばらくたってからある数字を出されて，その数字が**リストにあったかどうか**を判定する実験を考えます。
このとき，私たちの心はどのようにして記憶を引きだすと思いますか？

いや，ぜんぜんわかりませんね。
たとえば……，記憶の中にあるリストと，**一つずつ**順番に数字を照合しているとか？

ふふふ，いいですね。それがモデル化の一つです。
モデル化というのは，しくみやプロセスを単純化してあらわすことをいいます。
先ほどの例では，一つずつ照らし合わせるモデルのほかにも，記憶のリストにある複数の数字を一度に照らし合わせるという，別のモデルを考えることもできます。
このように，「記憶を思いだす」という単純な行為に関する心のはたらきを見ても，さまざまなモデルを考えることができるのです。

なるほど，そういうことか……。それで，「一つずつ順番に照合するモデル」と，「一度に一気に照らし合わせるモデル」はどちらが記憶のしくみとしては正しいんでしょうか？

アメリカの心理学者**ロバート・スタンバーグ**が，先ほどお話しした実験を行ったところ，リストの数字の個数が多くなるほど判断に時間がかかる，という結果が出ました。このことから，記憶のリストにある数字と一つずつ順番に照合していると考えられました。

へーっ，面白い！

モデル化の例として，「紙に書かれた文字を認識するしくみ」についても紹介しましょう。
私たちが紙に書かれた文字の内容を理解できるのは，認識した視覚情報から，文字の情報を抜きだすことができるからです。
このときの心のはたらきとして，**パンデモニアムモデル**というのが知られています。

ぱんでもにあむ……？

パンデモニアムモデルは，アメリカの人工知能研究者**オリバー・セルフリッジ**によって考案されたものです。
彼は各段階の情報処理をになう仮想的な存在を**デーモン**と名付け，各デーモンが順番に反応することで情報処理が行われていると考えたのです。
ちなみにパンデモニアム（pandemonium）は「悪魔（デーモン）が棲む殿堂」という意味なんですよ。

このモデルでは，文字を認識する際には**四つの段階**があると考えます。
次のイラストは，パンデモニアムモデルにもとづいて，「E」という文字が認識される過程をえがいたものです。

ひゃあ～！

まず目に入ってきた視覚情報を画像として認識する段階があります（1）。

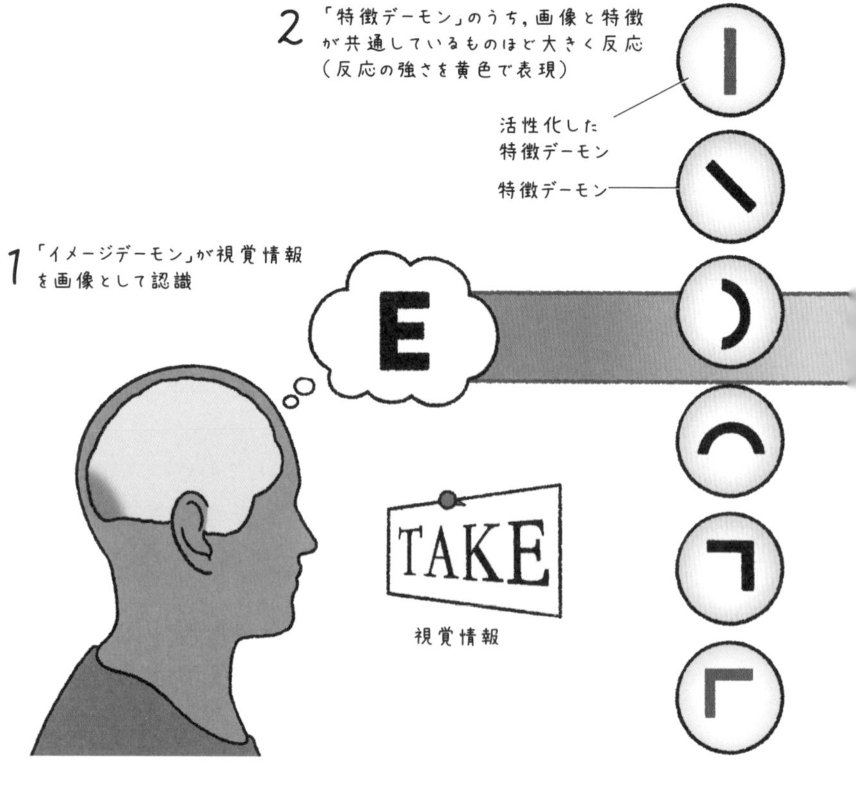

次に，画像に含まれる「縦の線」や「横の線」など，図形の基本的な特徴を見いだす段階（2）。
そして，画像に含まれている特徴を多く含む文字を記憶からさがしだす段階（3）。
最後に，候補として上がってきた文字の中から，図形がどの文字であるかを決定する段階です（4）。

こんな複雑に，いくつもの段階をこなしているんですか，私たちは！

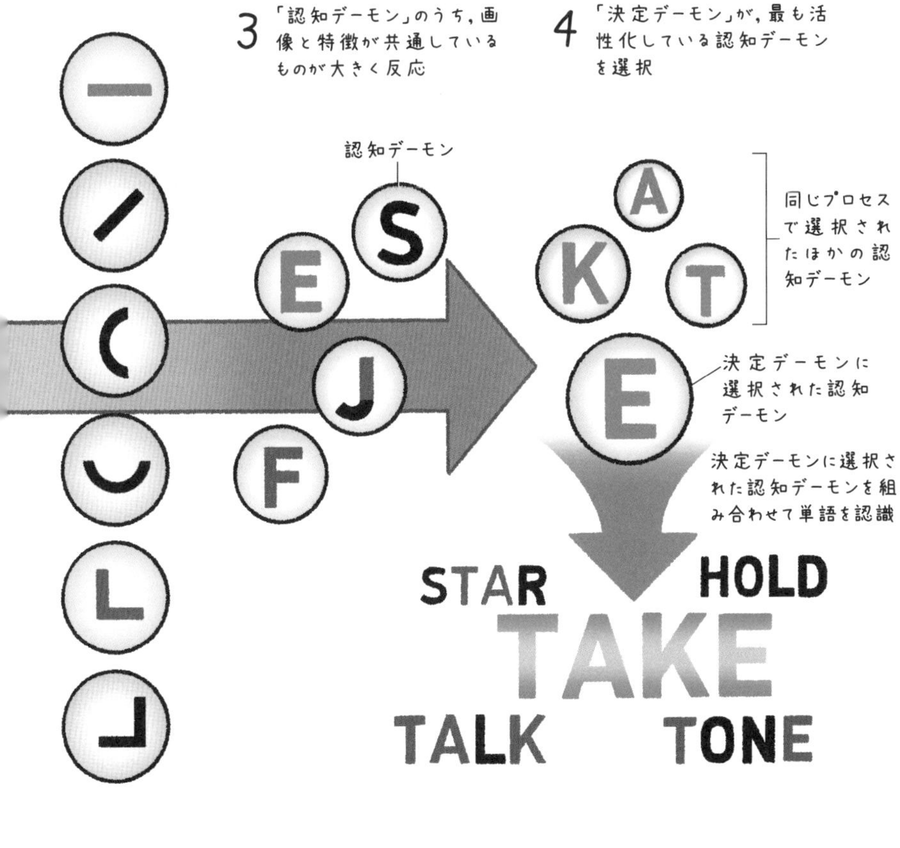

パンデモニアムモデルは，あくまでも文字を認識するときの心のしくみをモデル化したものにすぎません。
しかし，その後の脳科学や神経科学の発展によって，特定の傾きをもつ線などの基本的な図形に反応する**神経細胞（ニューロン）**が見つかりました。**つまり，パンデモニアムモデルのようなしくみが，実際に脳に存在していたことがわかったのです。**
このように，モデル化によって心のしくみを理解しようとする心理学の試みが，未解明の脳のしくみを**予言**することもありえます。

心理学と脳科学は，おたがいに発展し合っているわけですね。

ええ。近年では，脳科学と心理学が融合することで，脳の機能や人の心についての研究が飛躍的に進んでいます。
さらには，人の知能をコンピューターで再現する**人工知能**の研究にも通じています。

目に見える世界は，心がつくりだしたもの

視覚情報を処理するときの心のしくみについての話をつづけましょう。
私たちは，目は二つあるのに，見える世界は一つです。これは私たちの心（脳）が，目から得た視覚情報を処理した結果だといえます。

そう考えると，**私たちが認識している世界は，それぞれの心がえがいた仮想的な世界だ，といえるのかもしれません。**

心がえがいた仮想的な世界!?
そんなバカな!?

たとえば，次のイラストを見てください。二つのイラストについて，ピンク色の線の長さは上と下，それぞれどちらが長いでしょうか？

1

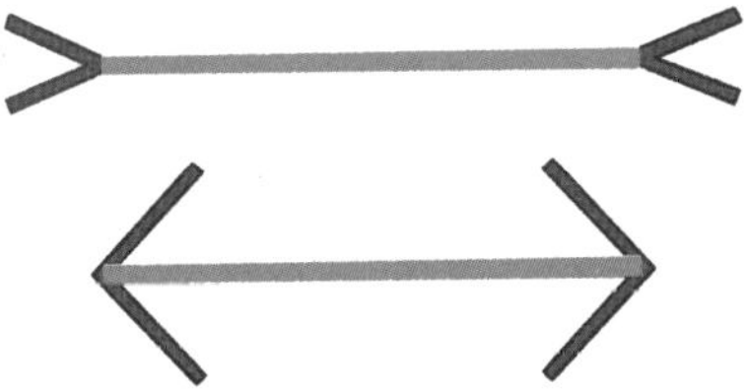

2

どちらも上の線が長いです！

残念！　実は横線の長さは同じなんです。
これはミュラー・リヤー錯視とポンゾ錯視とよばれる有名な錯視です。

えーっ，うっそー。
線の長さ，ちがって見えるのに。

このような錯視は，脳がその線の周囲のようすから，無意識に直線の長さをことなっていると判断するために生じます。同じように，次のカフェ・ウォール錯視では，実際にはすべての直線が平行に並べられているにもかかわらず，直線が傾いているように見えます。

ホントだ！ 頭がくらくらしてきた……。

これも，私たちの心が無意識に視覚情報を判断した結果です。
このように，**私たちは目で認識しているものを「現実」だと思いがちですが，実際に私たちが認識しているのは，視覚情報を私たちの心が都合よく解釈したものにすぎないんです。**
心のあり方一つで，目に見えるものは簡単に変わってしまうんです。

私たちの脳には，無視できないくせがある

認知心理学では，人の心をコンピューターのソフトウェアのようなものだととらえます。
でも，心のはたらきはコンピューターほど正確ではありません。心にはさまざまな「くせ」があるんです。

くせ？

はい，**錯視**は，まさに心のくせをうまく利用したものです。次のページで，別の錯視も紹介しましょう。

さて，Ａのタイルと Ｂのタイルはどちらが暗いですか？

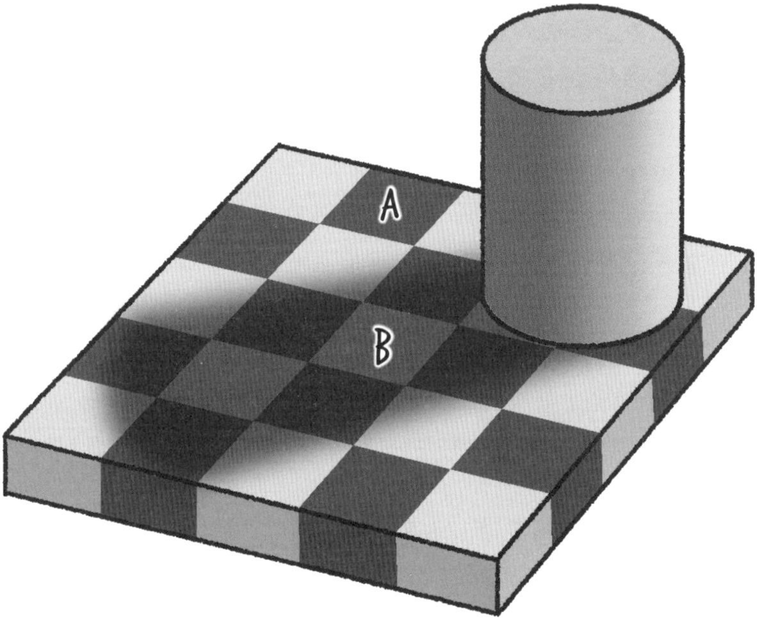

当然Ａです！

残念！　ＡとＢは同じ明るさなんです！

えー，またか〜。
でも，とても同じ色には見えません。

この錯視は，脳が「Bは暗く見えるけど，もともとは白いタイルであるはず」と，状況を判断した結果，生じているんです。

脳が勝手に補正してくれちゃってるんですね。

ええ。そうなんです。
たとえ目の前の物体の明るさが変化しても，私たちはそれが同じものだと判断できます。これは，目に入ってきた光の情報が変わろうとも，私たちの心はいつも観測対象を「同じものだ」と知覚するためです。このような現象を**知覚の恒常性**といいます。
先ほどの錯視はこの心の”くせ”を利用したものだったんです。

ちかくのこうじょうせい……。

ここで紹介した色や明るさだけでなく，形や大きさなど，さまざまな知覚には恒常性があると考えられているんですよ。

STEP 2

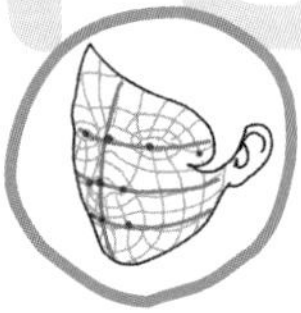

ゆがめられる記憶

私たちは，日常の中で，たくさんの事柄を記憶しています。しかし，記憶はいつも正しいものではありません。うその記憶がつくられることだってあります。記憶のしくみを見ていきましょう。

記憶のしくみ

4時間目STEP2のテーマは**記憶**です。
私たちが何かをする際には，必ず記憶を参照しています。たとえば小説を読み進めるには，それまでの物語を記憶していかなければなりませんし，テレビドラマを楽しむには，前回の内容を覚えていなければなりません。

普段の生活を送るうえで，記憶ってすごく大事ですよね。

記憶の研究を本格的にはじめたのは，イギリスの心理学者**ヘルマン・エビングハウス**（1850 ～ 1909）だといわれています。
エビングハウスは，**記憶を忘れる速さに関する結果（忘却曲線）**の実験を行いました。
これは記憶のしくみにせまる画期的なものでした。

人は，どれくらいの速さで物を忘れていくんでしょうか？

エビングハウスの実験によると，**20分後に約4割，1日後には7割近くが忘れられることがわかりました。**
ただ，実際には覚える対象によって忘却の速度は大きくちがうと考えられています。

記憶の有効期限，けっこう短いんですね。

ええ。ちなみにちょっと脱線しますが，エビングハウスの忘却曲線を応用して，効果的に学習・記憶する方法が提案されています。
それは，記憶した1日後に最初の復習を行い，その1週間後に2回目，その2週間後に3回目，その4週間後に4回目の復習を行うというものです。
これによって，効率的に記憶を定着させることができるといわれています。

おーっ，いいこと聞いた！
学生時代に知りたかったな……。

ふふふ。さて，記憶の研究の話にもどりましょう。
エビングハウスの没後，しばらく記憶の研究は停滞します。ふたたび記憶の研究に注目が集まったのは，20世紀後半，認知心理学が発展してからのことでした。

認知心理学は1950年代のコンピューターの発達にともなって生まれたんですよね。

その通りです。そして記憶の研究が進んだ結果，記憶は，保持される時間の長さに応じて，**感覚記憶**，**短期記憶**，**長期記憶**の3種類に分かれていると考えられています。この考えを**多重記憶モデル**といいます。

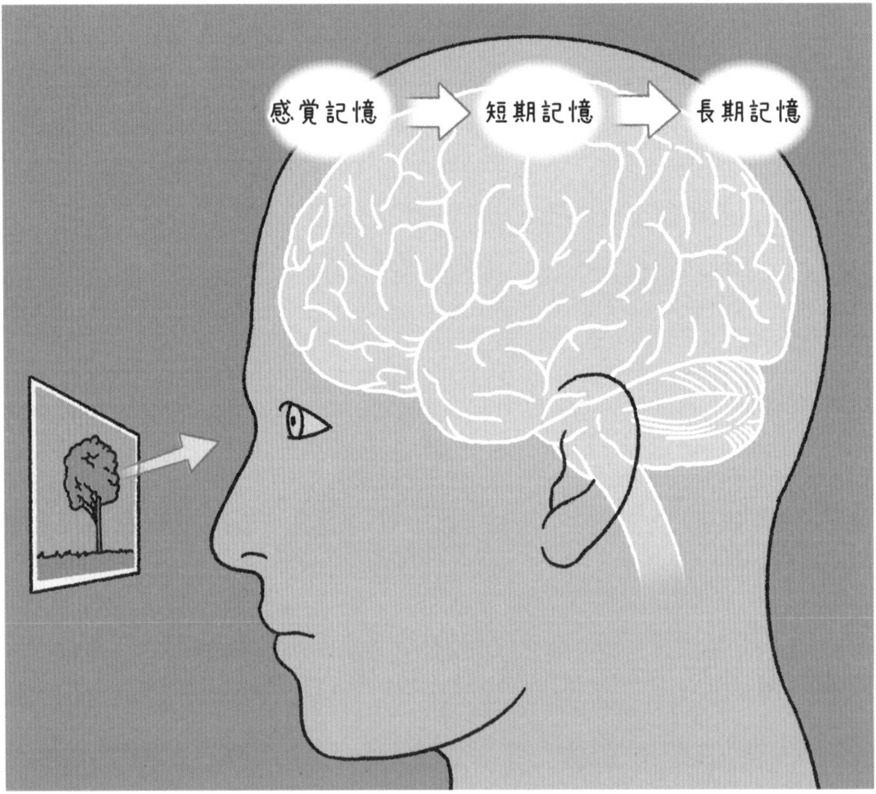

記憶にも種類があるのか。それぞれどんな記憶なんでしょう？

「感覚記憶」は，目や耳，鼻などの感覚器官から得た刺激を一瞬だけ記憶するものです。
その記憶が保持される時間はたったの0.5秒ほどです。

みじかっ！　それも記憶なんですね。

そして，**感覚記憶の中から意識的にとどめておこうとした情報を脳の海馬というところに送り，「短期記憶」として保存しています。**

なるほど～。短期記憶はどれぐらい保持されるんですか？

持続する時間は数十秒程度で，容量もそれほど多くはありません。
人によって差はありますが，ランダムな数字なら７桁±２桁程度が限界だとされています。

まだまだ普通の記憶というには短すぎますね。
どうすれば，長く失われない記憶になるんでしょうか？

短期記憶を頭の中で復唱するなど，「リハーサル（反復）」をくりかえすことで「長期記憶」として保存されるようになります。
長期記憶は，簡単には失われない，非常に安定した記憶です。

短期記憶がくりかえされて，安定した長期記憶になるんですね。

はい。そういうことです。
それから，短期記憶や長期記憶は，さらに細かく分類されることもあります。
たとえば，「地球は丸い」といったような知識は，映像や本を見て記憶されたものでしょう。この記憶をいつ，どこで覚えたのかはきっとわからなくなっているはずです。
このようないわゆる**知識**は，長期記憶の中でも**意味記憶**とよばれます。

いみきおく……。

ほかにも，自分が経験した出来事をストーリーとして記憶する**エピソード記憶**や，体の動かし方など技能にかかわる**手続き記憶**などがあります。
これらの記憶は，**その種類によって，保存される脳の場所がことなると考えられています。**

保存される場所がちがうんですか。
必要な記憶を必要なときに取りだすって，よく考えたらすごいことですね。

ええ，そうですね。
認知心理学が発展し，記憶に関するさまざまなモデルの検証が積み重ねられてきたことで，ここで説明したように，記憶は**階層構造**になって保存されていることがわかってきたんですよ。

認知心理学，すごい！

ポイント!

多重記憶モデル

記憶は3種類に分かれている。

感覚記憶……目や耳，鼻などの感覚器官から得た刺激を一瞬だけ記憶。
【保持時間：約0.5秒】

短期記憶……感覚記憶の中から意識的にとどめておこうとして保存される記憶。
【保持時間：約数十秒】

長期記憶……短期記憶を頭の中でくりかえすことで保存される記憶。
【保持時間：長く，安定している】

記憶は，意外とあてにならない

ここで，記憶に関する実験を一つやってみましょう。
次のイラストの15個の単語を，30秒ほどかけて覚えてみてください。

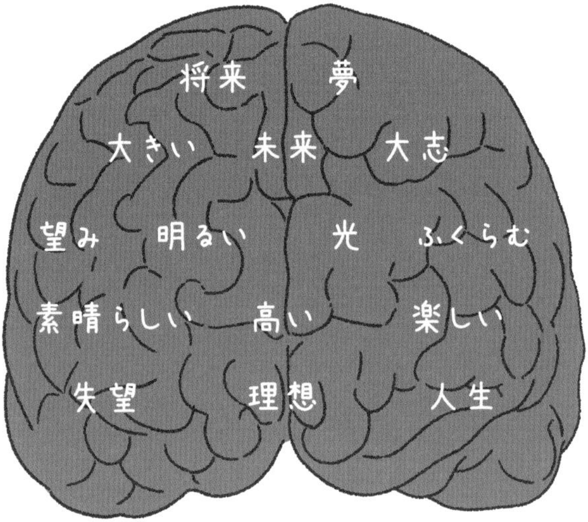

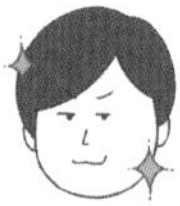

15個ですね！　覚えきってみせましょう！
……。……。

チーン！　30秒経ちました。では，このページを閉じて，覚えた単語を1分間ぐらいかけて，別の紙にできるだけ多く書きだしてください。
すべてを書きだせなくてもかまいません。

うーんっと……。これもあったな……，あ，これもか。

さて，15個の単語の中に夢はあったでしょうか？

ありましたよ。ほーら，ちゃんと書いてます。

では光や希望はどうでしょう？

どちらもありましたよ！
へっへっへっ，記憶力には少し自信があるんです。

残念ながら，その自信はあてにならないようですねぇ。
先ほどのイラストに「夢」や「光」はありましたが，「希望」は含まれていなかったんです。

えっ!?
まさか！　「希望」も絶対ありましたって！

実際に実験を行っても，「希望」を単語として思いだす人は多くいます。
また，「希望」があったかどうかをたずねられると，さらに多くの人が「あった」と答えてしまうことも示されています。なお，実際の実験はもっと厳密に行われます。

えーっ，なんで希望があるって思ってしまったんだろ。

記憶が誤りをおこした理由は，15個の単語が「希望」と連想する関係にあり，覚えるときに「希望」を思い浮かべてしまったからだと考えられます。
一般的に，短期的に覚えられる単語は7個前後です。そのため，15個すべてを思いだせず，リストの単語を覚えるときに思い浮かべた「希望」を，実際に見たものとして思いだしたわけです。

なるほど。記憶がまちがっていたわけですか。

そうなんです。
この実験でわかるように，**物事はいつも正確に記憶され，思いだされるわけではありません。簡単に偽りの記憶が生まれることがあるんですよ。**

記憶って案外あてにならないんですね。

事後の情報で，記憶が変わる

記憶の誤りやすさは，現実の社会でも深刻な問題となっています。
たとえば記憶にもとづく**目撃証言**は，一般に思われているほど正確ではありません。

でも，事件とかの目撃情報って，とても有力な証拠なんじゃないんですか？

たとえばアメリカでは，のちのDNA鑑定によって冤罪だったと判明した300名の裁判のうち，少なくとも約75%が事実とはことなる目撃証言が有罪の根拠だったという報告があります。

ええっ！　70％以上も!?
なぜそんなことがおきるんですか？

その原因の一つに，**事後情報**があります。

事後情報？

はい。**目撃証言を得ようとするときに，その聞き方（事後情報）に記憶が影響されてしまうんです。**
アメリカの心理学者**エリザベス・ロフタス**らは，記憶に事後情報がどのように影響するかの実験を行い，その結果を1978年に報告しています※。

※出典：Loftus, E. F., Miller, D. G., & Burns, H. J. (1978). Semantic integration of verbal information into a visual memory. *Journal of Experimental Psychology: Human Learning and Memory, 4*(1), 19–31

どんな実験でしょうか？

まず，実験の参加者たちに，交通事故を描写した一連のスライドを見せます（**イラスト1**）。このスライドには，**停止標識**がうつっています。
次に参加者は，スライドの内容についていくつかの質問を受けます。そのうちの1問では，「**徐行標識**のある交差点で……」などと，スライドにうつっていた標識と一致しない標識を含む質問をされます（**2**）。
そして20分後に，見たスライドが停止標識がうつったものだったのか，それとも徐行標識がうつったものだったのかを参加者に選ばせるんです（**3**）。

結果はどうだったんですか？

正答率は**41%**でした。
なお，「見たスライド内の標識」と「質問で言及された標識」が一致していた場合の正答率は**75%**でした。

半分近くも一致しなかったんですね。

はい。
実際に見たものと矛盾した情報を事後に聞いたことで，正答率が半分近くになってしまったのです。

事後の情報によって，誤った記憶が生まれてしまったわけですね。目撃情報もあまりあてにならないとは……。

1

停止標識
止まれ

2

車が徐行標識のある交差点で止まったとき，ほかの車は通りすぎましたか？

3

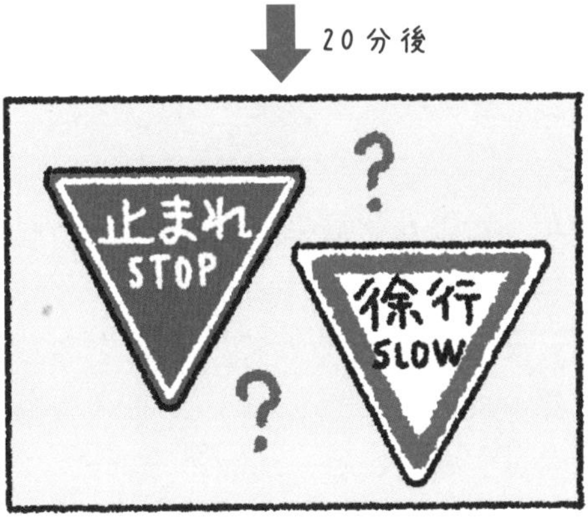
20分後
止まれ
STOP
徐行
SLOW
?
?

人の顔を記憶するのはむずかしい

次は人の**顔**を記憶するときの心のはたらきを見ていきましょう。顔を記憶するとき，脳の中では目や鼻などの**位置関係**を全体的に覚える処理と，目や鼻の**形**などの特徴を覚える処理の二つが行われると考えられています。

私は人の顔を覚えるのが苦手なので，言葉で補足して覚えるようにしています。
「目が大きい」とか「鼻筋が通っている」とか。

なるほど。
ただ，1990年にアメリカで報告された実験結果によると，**言葉で補足しても人の顔は覚えやすくならないようです**※。

え，どういうこと？

実験では，参加者に，強盗が登場する動画を見せたあとで顔を思いだしてもらい，特徴を言葉であらわすようにいいました。

丸顔だったとか，眉毛が濃かったとか。

ええ。そしてそのあとで，強盗を含む8人の人物の顔写真を見せたたところ，正しく犯人の顔を識別できたのはわずか**38%**でした。
一方，言葉であらわさなかった場合，正答率は**64%**で，言葉であらわした場合よりも高かったんです。

※出典：Schooler, J. W., & Engstler-Schooler, T. Y. (1990). Verbal overshadowing of visual memories: Some things are better left unsaid. *Cognitive Psychology, 22*(1), 36–71.

左の顔について，①全体を認識する処理のイメージと，②個々の特徴を言語化するイメージ。
言語化すると，元の顔は思いだしにくくなる。

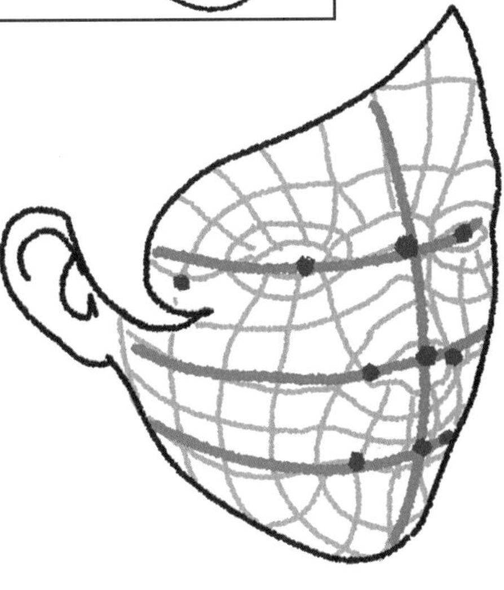

①顔全体を認識する処理のイメージ
ピンク色の線は，顔のバランスをとらえて絵にする際に書き入れる線のイメージ。赤色の球は，目と鼻の位置関係や，口の位置や形などをとらえるポイントとなる場所の例。

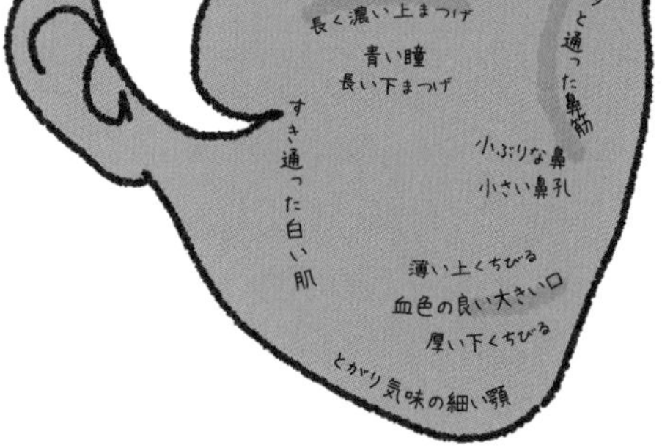

②顔の個々の特徴を言語化するイメージ
個々の特徴を言葉にして，対応する場所に配置した。通常，顔を覚える場合，個々の特徴にも注目してはいるが，全体を認識する処理が優先されると考えられている。

なぜ，こんなことがおきるんでしょう？

確かに，言語化することで顔の一つ一つの特徴に注目することになるのですが，そのあとの識別の際には**顔全体**が主な判断材料になります。
この不一致が記憶の誤りを引きおこすと考えられています。こうした効果を，**言語隠蔽効果**といいます。
それから，人の顔を記憶するときには**事後情報**が影響することもあります。

また事後情報ですか。

戦争で捕虜となった軍人にとっては，**尋問者**の顔やそのときの状況を覚えておくことは重要です。そこで，2013年にアメリカの軍人800人以上を対象に，尋問を行う実験が行われました※。

どんな実験だったんでしょうか？

尋問に耐える訓練の一環で行われた実験です。
苦痛をともなう尋問で，尋問者を**「一生，忘れない」**と思えるほど，尋問者に注意を向けた状態がつくられていたようです。
そして尋問後，参加者の一部に実際の尋問者とはちがう人物の顔写真を数分間見せました。
さらにそのあとに，尋問者を含まない9枚の顔写真から尋問者だった人物を選ぶテストを行ったんです。

※出典：C.A. Morgan, Steven Southwick, George Steffian, Gary A. Hazlett, Elizabeth F. Loftus, Misinformation can influence memory for recently experienced, highly stressful events, *International Journal of Law and Psychiatry, 36*(1), 11-17

一生忘れないほどのつらい尋問だったのですから，さすがに尋問者の顔は覚えているはずですよね？

ところが，そうでもなかったのです。
別の人物の写真を見せなかった参加者が誤る確率は**53%**だったのに対して，尋問後に写真を見せた参加者が誤る確率は**91%**と非常に高かったのです。

つまり，尋問のあとに見せた写真が，記憶に影響したってことですか？

はい，そうです。
事後情報が記憶に影響して，一生忘れないと思えるほどの印象的な記憶でさえもゆがめられてしまったわけです。

強盗犯の顔は，思い出しづらい

今度は**記憶と感情**についてお話ししましょう。
たとえば，突発的に出くわす強盗事件のような出来事では，おどろきや恐怖の感情がよびおこされます。
このとき**凶器注目効果**とよばれる現象がおきて，強盗の顔や服装を正確に記憶することが妨げられることがあるんです。

きょうきちゅうもくこうか？

この現象は，**凶器に強く注意が向く一方で，犯人の顔や服装といった背景情報は知覚されにくくなり，記憶されにくくなるというものです。**

確かに，ナイフを突きつけられたら，恐怖からナイフばかり見てしまいそうです。

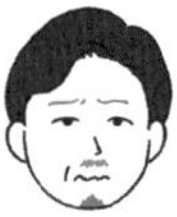

ええ。前述のロフタス博士らが1987年に報告した実験では，参加者80人に，レストランでの犯行を連続スライドで見せ，のちに12択のテストでスライドで見た人物を識別させました[※]。
すると，犯人が**小切手**を持っていた場合，正しく識別できた参加者は**約35%**でした。
一方，犯人が**拳銃**をもっていた場合，正しく識別できた参加者は**約15%**だったんです。

ずいぶん低くなりましたね。

そうなんです。これが凶器注目効果の影響なんです。
また，**ストレスや覚醒の度合いといった緊張感が強すぎても弱すぎても，記憶力は低下するといわれています。**
今説明した凶器注目効果は，緊張感が強すぎる状態です。

ふぅむ。緊張感には，記憶のための最適な水準があるんですね。

※出典：Loftus, E. F., Loftus, G. R., & Messo, J. (1987). Some facts about "weapon focus." *Law and Human Behavior, 11*(1), 55–62.

取調室で冤罪がつくられるしくみ

自分の記憶に対する不信感が，大きな社会問題につながることがあります。
実際には罪を犯していないのに有罪となってしまう**冤罪**などです。

記憶に対する不信感，ですか。

冤罪は，犯行を実際には犯していない容疑者が，罪を認める**うその自白**をしたためにおきるケースが多いといいます。

自分が犯人になりたいわけでもないのに，なぜうその自白をしてしまうんでしょう？

アメリカの**ソウル・キャッシン**と**ローレンス・ライツマン**によると，無実の人がうその自白をしてしまうパターンには，大きく分けて**3種類**あるといいます。
一つは，だれかの**身がわり**となるために，みずから進んでうその自白をするものです。

だれかをかばうパターンですね。

もう一つは，取り調べの**圧力**に耐えきれず，自分が犯人でないと自覚しながらうその自白をするものです。

コワモテの刑事が，「オマエがやったんだろ！」といって，机をバーン！　という。

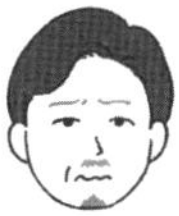

最後の一つは，取り調べの最中にひょっとしたら**自分は犯人かもしれない**と自分を疑いはじめ，うその自白をするものです。
このような自分を疑ってする自白を**強制―自己同化型**とよびます。

おかしいですよ。だって，罪を犯していないことは，自分自身が一番よく知っているはずじゃないですか！

イギリスの法心理学者**ギスリー・グッドジョンソン**は，この強制―自己同化型をつくりだしてしまう取り調べの要素をいくつか挙げています。
その中の一つが，**取調官が容疑者に，自分の記憶がたよりにならないことを納得させる取り調べです。**
たとえばアルコールを飲むと記憶がなくなる容疑者の習性などを提示する取り調べなどがそうです。

なるほど。お酒を飲んで記憶がなくなっていたんだろうと，容疑者を納得させるわけですね。確かに，そんなことをいわれると，容疑者は自分の記憶力に不信感をもつようになりそうです。

もう一つが**物的証拠を提示する取り調べ**です。

えっ，でも実際には犯行をしていないのだから，物的証拠なんかないはずですよね。

ええ。
だからその証拠は，**鑑定ミス**や，自白を取ろうとした**取調官のうそ**である可能性もあります。
しかし人は，警察がまちがえるはずはないし，うそをいうはずがないと考える傾向があります。こうして容疑者は，物的証拠を何よりの動かぬ証拠ととらえてしまうわけです。

確かに私もそう考えてしまいそうだ……。
恐ろしいことですね。

1996年にキャッシンらは，この強制―自己同化型自白を確かめる，次のような実験を行いました※。
まず75人の大学生である実験参加者に，一定速度で指示通りにパソコンのキーを打たせます。
その作業の前に，参加者には「**ALTキー**を押すと**データが消える**ので押さないように」とあらかじめ注意をしておきます。

ほう，それから？

しばらくするとパソコンは**自動的に停止**するように設定されていて，それは参加者には伝えられていません。

うわ，かわいそうに……。

パソコンが停止すると，研究グループは参加者たちに「ALTキーを押したのではないか」と問いつめます。
するとその結果，69％の参加者がALTキーを押したことを認めたのです。

※出典：Kassin, S. M., & Kiechel, K. L. (1996). The social psychology of false confessions: Compliance, internalization, and confabulation. *Psychological Science, 7*(3), 125–128.

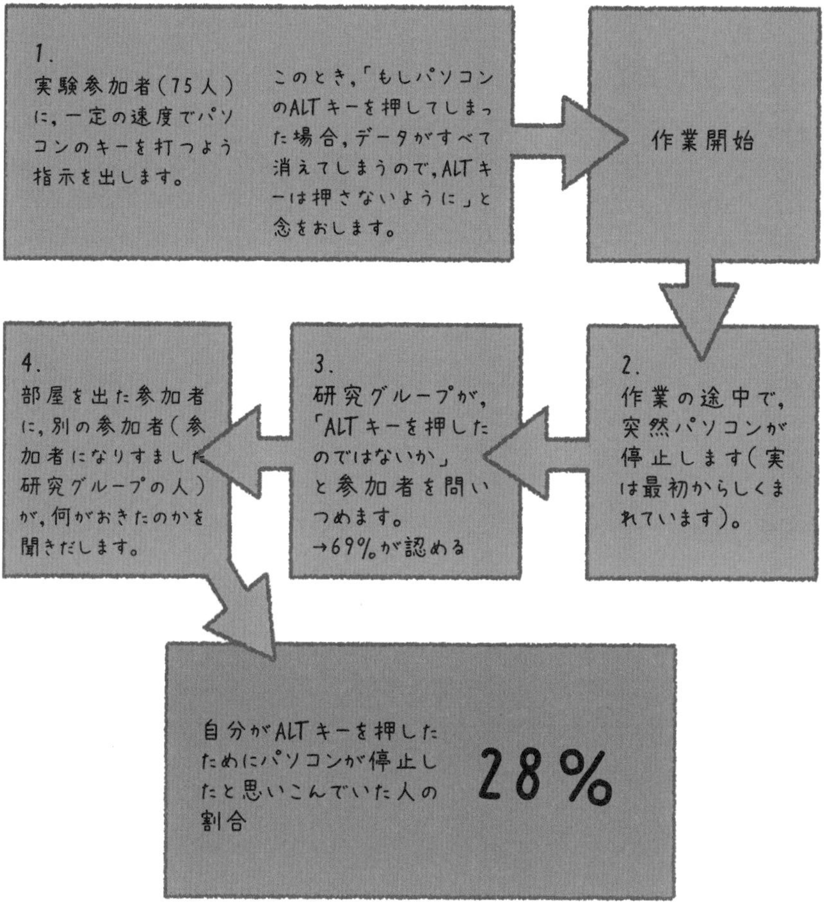

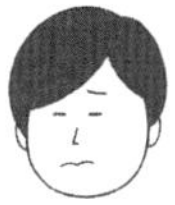
うぅむ。実際には押していないはずなんですよね……。

ええ。さらにそのあと，部屋を出た参加者に，同じ参加者になりすました研究グループのメンバーが「何がおきたのか？」とたずねたところ，本当にALTキーを押したと思いこんでいた人が全体の28％におよんでいたことがわかりました。

この実験は，**自分の記憶への不信感が大きいとき，人がいかに弱くなるかを示しています。**

コワイなぁ……。人って脆いんですね。

このように，取り調べによっては，無実の容疑者が自分を犯人だと思いこみ，冤罪につながるケースもありうるのです。

記憶にエラーはつきもの

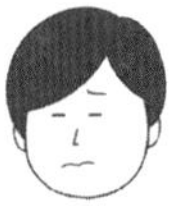

今までの説明を聞いていると，自分の記憶が信用できなくなってきます。

ふふふ。今まで取り上げてきた記憶の例はほとんどエピソード記憶とよばれるものです。
エピソード記憶とは，「いつ」「どこで」「何をした」といった情報を含む，個人的な出来事の記憶です。
このエピソード記憶は比較的誤りやすいものなんです。

じゃあ，誤りにくい記憶もあるんですか？

たとえば，技能・習慣に関する記憶は，忘れにくいものだといえます。
それから，感情的な記憶はまちがっている確率が高いといえます。

ポイント！

「いつ」「どこで」「何をした」の記憶
→誤りやすい

「技能」「習慣」の記憶 →忘れにくい

感情的な記憶 →誤りやすい

うーん，なぜこんなにも記憶には誤りが多いんでしょうか……。もっと完璧に記憶できればいいのに。

そうですね。
でも，完璧ではない記憶にも**利点**があると考えられているんですよ。
その一つとして，**「どうでもいい枝葉末節なことを省いて本質だけを覚えておける」**という点でしょう。
目などの感覚器官は，脳へ膨大な量の情報を入力しています。私たちが意識するのはその一部だけで，さらにその一部が脳の海馬で記憶されます。
もしすべてを完璧に記憶していたら，脳はすぐに容量オーバーになってしまうでしょうね。

つまり，脳がパンクしないようにしているわけですね。

ええ。それから記憶の変わりやすさは，使いようによっては役に立ちます。
たとえば，受験やハードな仕事は，やっているときはつらいことが多いものです。ですが記憶は変わりやすいからこそ，**つらい出来事の記憶でも，年月が経ってからポジティブにとらえ直されることもあるわけです。**

なるほど。いろいろ利点もあるわけですね。

たとえば2009年に報告された日本の研究では，大学生46人を参加者として，まず受験生活の記憶をできるだけ楽しかったものとして語ってもらいました。
そして，1週間や1か月など間をあけて受験生活の本当の記憶について語り直してもらうと，ポジティブな単語が増えていたそうです。
ほかの種類のネガティブな記憶においても，語り直しによって記憶が変わり，それが役に立つ可能性はありそうです。

へえぇ～！　面白いですね。
だとすれば，記憶のエラーも悪くないですね！　人が楽しく，幸せに過ごせるようになるわけだから。

ええ。**「記憶はつねに正確なものである」というのは誤った信念です。記憶は生きることの根幹であり，そのエラーはつきものです。**
誤りやすいという特徴を知ったうえで，記憶とうまくつきあっていきたいものです。

記憶にエラーはつきもの。

いい言葉ですね！　なんだか前向きになれました。
ありがとうございます。

偉人伝③

個人心理学をつくった，アルフレッド・アドラー

アルフレッド・アドラーは，1870年にレオポルド・アドラーの次男として，ウィーン郊外のルドルフスハイムで生まれました。一家は比較的裕福で，兄1人，弟4人，妹1人がいました。アドラーは幼い頃に骨格異常の病である「くる病」を発症しました。

フロイトとの出会いと別れ

1985年にアドラーはウィーン大学の医学部を卒業し，内科医として診療所を開業します。しかし，1900年に出版されたフロイトの『夢判断』を読んだのをきっかけとして，精神医学に興味をもちます。

アドラーは，当時批判の多かったフロイトを擁護する投書を新聞社に送りました。これをフロイトが知り，自分の主宰するセミナーにアドラーを招待したことで，二人の交流がはじまりました。このセミナーは「ウィーン精神分析協会」へと発展していき，アドラーはそこで会長を務めるまでになりました。

しかし，その後フロイトの理論と相容れない理論をアドラーが提唱したことで，アドラーは協会を退会することになりました。

人は自分が意味づけした世界に生きている

フロイトは神経症の原因を性衝動（リビドー）に求めていましたが，アドラーは神経症につながる原因を今より優れた

ものになりたいという欲求（優越性の追求）に求めていました。そのときに生じる感情が「劣等感」です。アドラーはこの劣等感が人間のあらゆる進歩の源泉になっていると考えていました。

一方で，過度に今より優れたものになりたいと考えたり，他人と自分を比較する劣等感を抱いたりすることは，不本意な生き方をすることにつながったり，神経症の原因になったりするといいます。アドラーは，心と体を一つの分析対象とする心理学を標榜し，自分の心理学を「個人心理学」とよんでいました。

アドラーは1937年，散歩中に突然倒れ，そのまま息を引き取りました。死後もアドラーの考え方は，多くの心理学者に引き継がれていきました。

5
時間目

心の健康をあつかう
臨床心理学

STEP 1

心を支援する臨床心理士と公認心理師

人は人生の中でさまざまな悩みを抱えます。そして，悩みが深刻になりすぎて，日常生活が送れなくなる人もいます。そうした人の心の健康をあつかうのが「臨床心理学」です。

心が健康になるようにサポートする臨床心理学

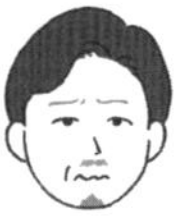

人の心は，いつも元気な状態とは限りません。悩んだり落ちこんだり，恐怖を感じたりするときもあります。
そういった感情が深刻になりすぎると，あたり前の生活を送ることがむずかしくなってしまう場合があります。

心の問題を解決するのも心理学の範疇なんでしょうか？

はい，その通りです。
人の心の問題をあつかう心理学を**臨床心理学**といいます。
臨床心理学では，心の病や社会への不適応の悩みを解決するために，研究で得られた知見を用いながら，問題の解決に向けた心理支援を行っていきます。
実際に**クライアント（相談者）**と向き合い，対話したり心理学的な手法を使うことで，心が健康になるようにはたらきかけていくんです。

りんしょうしんりがく……。
心の病って，精神科のお医者さんが治療するようなイメージがあるんですけど，それとはちがうんでしょうか。

そうですね。**精神医学**は，投薬などの医学的な治療によって，心の病気の原因を排除することを目指します。

臨床心理学はちがうんですか？

はい，臨床心理学は，病気の治療を目的としたものではありません。
心の問題を抱える人たちが，問題の改善や解決に向けて取り組み，人生をよりよく生きられるように，心理的なサポートをするのが臨床心理学なんです。
精神医学が対象とするような症状が出ている人だけでなく，生きづらさや人間関係がうまくいかないなどの心理的な問題を抱えている人たちも，臨床心理学の対象です。

問題の原因を取り除くことだけを目標にするのではなく，問題を受け止め，その問題の改善や解決に向けて取り組み，よりよく生きられるように支援するわけですか。

その通りです。

精神医学が，病気に特化して診断や治療を行うのに対して，**臨床心理学では，心の問題を含むその人の考え方や生き方，さらには人間関係のあり方について広く情報収集をして，心の問題の改善や解決に向けて，心理的な支援をしていきます。**

ポイント！

精神医学

投薬などによって，心の病気の原因を排除することを目指す。

臨床心理学

心の問題の改善や解決に向けて取り組むために，心理的なサポートをする。

じゃあ，精神医学と臨床心理学はまったく無関係ということですか？

いいえ，そういうわけではありません。

精神障害の患者を治療するときなどには，医師や臨床心理学の専門家が**チーム**を組んで対応します。

このときには，しっかりとした**協力関係**が必要です。ですから，臨床心理学を専門とする人たちには，精神医学についての知識も必要なんですよ。

なるほど。

さて，ここから臨床心理学がいかに発展してきたのか，その歴史を簡単にお話ししておきましょう。
臨床心理学は，1896年にアメリカの心理学者**ライナー・ウィットマー**（1867～1956）が心理クリニックを開設したことからはじまります。

今から約130年前か。意外と最近なんですね。

はい，臨床心理学は，心理学の中でも若い学問なんです。この臨床心理学という学問がはじまるきっかけとなったのが，フロイトです。

あっ，確か夢分析とかを行った人ですよね？

そうです。フロイトは，19世紀の終わりに「無意識」に注目して**精神分析**を考案し，多くの患者を治療しました。一方で，1950年代には，フロイトの精神分析とはまったくちがう手法が登場します。それが，「行動主義」から生まれた**行動療法**という手法です。

行動主義……，パブロフの犬とかですね。

おぉ，よく覚えていましたね！
行動療法では，異常な行動は条件づけによる学習の結果と考えます。**行動療法は，行動に重きを置き，適切に学習し直すことで，異常行動を変えることを目的とした手法なんです。**

フロイトの精神分析とはまったくちがう考え方にもとづいているわけですか？

ええ。そうなんです。
ほかにも，1940年代から1970年代の終わりにかけて，**クライアント中心療法**，**コミュニティ心理学**，**認知療法**など，心のとらえ方のちがいによって，さまざまな学派による理論が生まれました。

それだけたくさんの学派があったら，対立がおきそうですね。「自分の学派の手法が一番だ！」って，みんな主張するでしょうし。

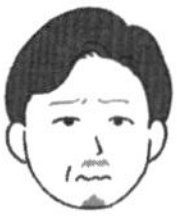

ええ，まさにその通りなんですよ。実際に，各学派の間で対立がおきていました。そこで，新たな展開として，学派の教義や理論を治療の根拠にするのではなく，**具体的なデータを重視する**という動きが生まれたのです。この考え方が登場したことで，客観的なデータをもとに，さまざまな心理療法の有効性が証明されることになりました。このような考え方にもとづく実践は，**エビデンス・ベイスト・プラクティス**とよばれています。

データを重視することで，各学派の対立はおさまり，「臨床心理学」としてまとまっていきました。
さらに，**万能な心理療法は存在せず，適切な方法を選択する必要があることも明白になりました。**このような考え方が，現在の臨床心理学の**基盤**となっています。

臨床心理学もやっぱり科学にもとづいているということですね！

新たな資格，公認心理師が2018年度に誕生した

先生，実際に臨床心理学にもとづいたサポートをしてくれるのは，どういう人なんでしょうか？

臨床心理士や**公認心理師**がいます。

りんしょうしんりし？　こうにんしんりし？

まず，**臨床心理士**は，日本臨床心理士資格認定協会によって認定される資格で，1988年にはじまりました。
臨床心理士は，精神障害などの心理的な問題の改善やサポート，子育て支援，虐待などの被害者への支援，スクールカウンセラーとして支援など，さまざまな場面で活躍しています。

一方，**公認心理師**は，2018年度からはじまった新しい国家資格です。**日本における，はじめての心理職の国家資格です。**

臨床心理士とはまったく別ものですか？

両者は，民間資格か国家資格かというちがいがあります。
公認心理師ははじまったばかりの資格ですので，まだはっきりしない部分がありますが，クライアントの心の問題を査定（アセスメント）し，心理的なサポートをしていくことを主な業務としています。
公認心理師は国家資格ですので，臨床心理士よりも公的な社会的サービスに従事することを目指しているという点で特徴があります。
臨床心理士と公認心理師はともに心理学をベースとした実践職という意味で"心理職"とよばれています。

心のサポートか……。
社会ではすごく必要とされますよね。私も勉強してどちらかの資格に挑戦してみようかな……。

どちらの資格も，受験するには，指定された大学または大学院のカリキュラムに沿って勉強する必要があります。心理学のさまざまな分野や，脳科学といった知識だけでなく，クライアントの問題を適切に査定（アセスメント）し，心理的な援助を施す実践的な技術の習得が欠かせません。ですので，だれでも勉強すればすぐに受験できる，というわけではないんですよ。

memo

臨床心理士や公認心理師の主な受験資格

臨床心理士

- 指定大学院を修了し，所定の条件を満たしている者
- 臨床心理士養成に関する専門職大学院を修了した者
- 諸外国で指定大学院と同等以上の教育歴があり，修了後の日本国内における心理臨床経験2年以上を有する者
- 医師免許取得者で，取得後，心理臨床経験2年以上を有する者

など

公認心理師

- 4年制大学で指定科目を履修し，さらに大学院で指定科目を履修した者
- 4年制大学で指定科目を履修し，さらに指定の施設で実務経験を2年以上を有する者
- 外国の大学において心理に関する科目を修め，かつ，外国の大学院において心理に関する科目を修了した者

など

医療，教育，司法ー多岐にわたる心理職の現場

具体的に，臨床心理士や公認心理師といった心理職は，どこで，どのような仕事をしているんですか？

まず，現在，心理職の人が最も多く配属されているところは，**保健・医療領域**です。その数は全体の約4割を占めています。
精神科で治療を受けている患者だけではなく，小児科や内科，皮膚科，産婦人科，外科，リハビリテーション科，あるいは終末期医療を受けている患者など，さまざまな科にいる患者とかかわっています。

精神科の患者さんだけではないんですね！

ええ，そうです。こういった多くの現場で，心理職は，患者の訴える症状の原因に，ストレスや本人の性格などがからんでいないかを調べたり，患者が抱えている不安や悲しみ，恐怖といった心の状態がやわらぐよう，対話したり心理学的な援助を行ったりします。

病気になって不安や恐怖を感じている患者さんの悩みを解決するわけですね。

そうですね。
さて，心理職が活躍する現場として次に多いのが，学校や教育相談センターなどの**教育現場**です。

現在は，小学校・中学校・高校に**スクールカウンセラー**として心理職が配置されています。
最近では，幼稚園や保育園にも配置されはじめたようですよ。

幼稚園や保育園にも！
教育現場ではどういったことをしているんですか？

スクールカウンセラーは，いじめ，非行，不登校，発達障害，そして学級崩壊など，学校生活の中で生徒たちに何らかの問題が発生したときに，生徒本人や保護者に対して心の支援を行ったり，教員に対してアドバイスをしたりします。
また，災害や事件・事故などが発生したときに，子どもを中心にその家族や教職員も含めて心の支援にあたります。

学校で事件がおこったりしたときに，生徒や保護者の不安を解消するなど，よく報道されますね。

病院と教育現場だけで，心理職の配属先の7～8割を占めます。

じゃあ，あとの2～3割は？

ほかの現場としては，**福祉施設**があります。
とくに近年では，虐待を受けた子どもたちやその家族を対象に，児童相談所や児童養護施設，乳児院，児童心理治療施設などで心理職による支援が行われています。

病気の人や，虐待を受けた子どもたち，さらに教員や保護者……。
本当に，悩みを抱えるさまざまな人たちとかかわっているんですね。

それから，**家庭裁判所調査官**や，少年鑑別所や刑事施設に配属されている**法務技官（心理）**など，犯罪者にかかわる心理職もいます。
たとえば家庭裁判所調査官は，面接を通して少年の性格や家庭環境などを調べ，処遇を判定するときの基礎資料をつくったり，少年の心の支援を行ったりします。

なるほど。

法務技官（心理）も，犯罪者の処遇を決める資料や更生プログラムをつくったり，受刑者に対して心理カウンセリングを行ったりします。

心理職って，ほんとうに幅広く活躍しているんだなぁ。

ほかにも，**企業の社内相談室**や，**EAP（Employee Assitance Program）**を提供する会社に所属する心理職がいます。

イーエーピー？

EAPは「従業員支援プログラム」のことで，社外から，従業員の相談を受けて心の支援を行うとともに，それらの相談をまとめて企業の課題を洗いだし，企業に提案する役割をになっています。

会社の組織づくりにも貢献しているんですね。

心の問題を見極めることからはじまる

心理職の人たちが，いろんな場所で活躍していることがよくわかりました。
そういう場所では，いったいどうやって悩んでいる人たちの心の健康を取りもどすんでしょうか？

普通，何か問題がおこったとき，まず何をしますか？

えーっと……。まずは，その問題の原因を調べると思います。

そうでしょう。心理職も同じです。
まず，なぜクライアントが心に悩みを抱えるに至ったのか，その要因を知ることが大切です。これを**査定**あるいは**アセスメント**といいます。
そのためには，**面接**や**観察**，さまざまな**検査**を実施して，クライアントの人格や状況，問題行動に関する情報を収集して，**分析**します。
そのうえで，問題の原因について仮説を立てて，どのようにサポートするのか方針を立てるんです。

ふむふむ。

そして，その結果をもとに，実際にクライアントにはたらきかけを行っていきます。これを**介入**といいます。
このとき，クライアントの問題や状況に合わせて，数多くの介入法から適切なものを選択していきます。

査定→介入というのが，心理的なサポートの流れなんですね。

ええ，そうです。ただし，通常は問題が複雑で，一度の介入で問題が解決することは稀です。
そこで，査定と介入をくりかえし行って，その効果を都度検証していくのです。

一発で解決できるってことはあまりないんですね。

はい。

心理職の専門家は，このような活動を行う際，臨床心理学だけでなく，一般的な心理学や医学，生物学，法律学など幅広い知識を必要とします。
また，医師や看護師といったほかの専門職と適切な協力をすることも重要です。

面接やさまざまな検査から仮説を立てる

心理職の専門家が行う「査定」と「介入」について，どうやって行うのか，もう少し具体的な方法を見ていきましょう。まずはアセスメントともよばれる**査定**です。

査定は，クライアントの心の問題の成り立ちを把握する手法のことでしたよね。

ええ，そうです。
査定において，特に重要なのが**初回面接**です。
初回面接では，クライアントが抱える問題を明らかにするために，情報収集をします。
ここで一番大事なことは，クラアイントの話をていねいに聞き，信頼関係を築くことです。
話を最後までていねいに聞かないで途中でさえぎったり，面接の最初の段階で何かアドバイスをしても，効果はありません。

どうしてでしょう？　早いうちに解決策を教えたほうがいいのに……。

この段階は，なぜその人がその悩みをもってしまったかを知ることが目的です。
途中で話をさえぎったり，相手のこともわからずにアドバイスしたりすると，クライアントは心理職に心を開いてくれないばかりか，アドバイスの内容に含まれる心理職の価値観や意見を察して，本当に思っていることを話してくれなくなってしまうのです。

ふぅむ。なかなかむずかしいんですね。

心理職は，クライアントが率直な気持ちや事実などを話してもらえるように努めて，クライアントの置かれた状況を整理し，理解していかなければなりません。

なるほど。では初回面接のあとは？

さらなる面接や行動観察，心理検査などを行って情報を集めていきます。

心理検査？

心理検査は，クライアントの知的機能や性格，対人関係のあり方をはかるための検査です。
心理検査には，大きく分けて**3種類**あります。
まず，一つ目が知能指数を調べるための**知能検査**，いわゆる**IQテスト**ですね。

IQ！
これも心理検査の一つだったんだ。

そうです。子どもの発達具合などを知る際などに重要な情報となります。
それから二つ目は，**性格検査**です。

性格検査は，1時間目にも登場しましたね。

ええ，そうでしたね。
性格検査には，「質問紙法」，あるいは，連続した足し算や簡単な図形の模写などの作業をしてもらって，その経過や結果などを見る「作業検査法」などがありましたね。

「クレペリン検査」とか。

そうそう，そうです。

このほか，意味合いがあいまいな言葉や絵を見せて自由な反応を引きだす**投映法**があります。投映法は「ロールシャッハ・テスト」が有名ですね。
それから，「私が〇〇するならば……」など，未完成の文をあたえて，そこから連想して文を完成させる**文章完成法（SCT）**などがあります。

性格検査にはいろんな方法があるんですねえ。

そうなんですよ。
そして三つ目は，**神経心理学的検査**です。
クライアントの心の問題は，脳の機能障害に起因していることもあります。神経心理学的検査は，そのような障害を診断するために開発された手法です。
口頭で質問したり，文字や図形，絵などを書いてもらったりします。
このほかに，脳のはたらきを調べる脳画像検査もあります。

脳画像検査なんて最新の科学的方法まで使うことがあるんですね。

そうなんです。
心理職はこのような複数の心理検査を組み合わせて行った結果や，面接で聞いた内容などを合わせて，クライアントが悩みを抱えるに至った背景の仮説を組み立てていきます。

ポイント！

査定

初回面接

↓

・さらなる面接

・行動観察

・心理検査

　├ 知能検査……IQテスト

　├ 性格検査……質問紙法・作業検査・クレペリン検査・投映法（ロールシャッハ・テスト）・文章完成法など

　└ 神経心理学的検査

など

心理カウンセリングや認知行動療法が代表的な介入方法

さて，次は実際にクライアントにはたらきかける**介入**についてご説明しましょう。
介入方法として最も基礎的なのは，**心理カウンセリング**です。

心理カウンセリング！

現代の心理カウンセリングは，アメリカの心理学者**カール・ロジャーズ**（1902 ～ 1987）に大きな影響を受けています。
ロジャーズは，クライアント自身が問題を解決する力をもっており，クライアント自らが問題の解決に取り組めるような環境を整えることが重要だと考えました。
そのために**「クライアントの話を聴くことに徹し，クライアントに共感をもって接する」という心理職の姿勢を提唱しました。**このような考えにもとづいた心理療法を**クライアント中心療法**といいます。

ふむふむ。

一方で，クライアントの状態に関して，心理職が解釈した内容をそのときどきで伝えていく心理療法もあります。
これがフロイトが開発した**精神分析療法**です。

フロイトの精神分析！　今まで何度も登場しましたよね。
確かフロイトは**無意識**に注目したんでしたよね？

ええ，そうです。
フロイトの精神分析療法は，「幼少期のころに経験した出来事や対人関係などが無意識の中におさえこまれており，成人後の行動や思考などにそれらがあらわれてくる」という考え方にもとづいています。

クライアントは，心理職にさまざまな話をするうちに，この無意識の中に抑圧されていた記憶に気づいていきます。

心理職は，その記憶がクライアントの現在の状況にどんな影響をあたえているのかを分析し，その結果をクライアントに伝えるのです。

抑圧された記憶に気づくって，なんだかすごいですね。やってみたいような，やってみたくないような……。

心理職は，分析結果をクライアントに解釈として伝えます。その解釈に納得する人もいるし，認めたくない気持ちから心理職の解釈を受け入れることに抵抗する人もいます。ですが，いずれにしても，最終的に現在の状況に至った背景をクライアント本人に気づいてもらうことが大切なのです。

なるほど。

それから，最近では心理職の代表的な介入手法となっている**認知行動療法**というものがあります。

どういう方法なんでしょうか？

認知行動療法とは，クライアントの行動や認知を修正していくことで，気持ちを楽にしたり，ストレスをやわらげたりする方法です。
心の問題は，物事のとらえ方などの認知がゆがむことでおきることがあります。
たとえば，**うつ病**にかかって心が元気でない人は，「何をやっても失敗するに決まっている」とか，「自分はまわりの人たちに嫌われている」など，物事を悲観的にとらえる傾向があります。

確かに私も落ちこんでいるときは，ネガティブな考えばかり浮かんじゃいますね。

そうでしょう。そうした認知のゆがみが，外出できないとか，お酒やギャンブルにおぼれてしまうといった不適切な行動や，投げやりな行動に走らせるのです。
このため認知行動療法では，まずクライアントにこうした認知のゆがみを気づかせたうえで(認知再構成)，認知のくせと行動を変えていくわけです。

どうすれば，認知のくせや行動を変えることができるんですか？

たとえば「会議のプレゼンテーションで失敗してしまった」という場面があったとしましょう。そのときにクライアントが感じた感情とその強さを数値で書きだしてもらいます。さらに，そういう感情を生みだした思考とその確信の高さを数値で書きだしてもらいます。

ふむふむ。
まずは，クライアントの失敗にともなう感情とその感情をもたらした思考を**数値化**するんですね。

その後で，事実と照らし合わせて，この思考は正しいものなのか，ほかの考え方はなかったのか，という考え方を出してもらい，その確からしさを数値化してもらいます。
そして，最後にここまでの作業を終えた患者の感情とその強さを数値で書きだしてもらうと，悲観的な感情の強さが弱まっていることがあるんです。

ほおっ，すごい。

このような体験によって，クライアントは自分の認知を客観的に見ることができるようになります。
また，自分の思考のくせに気づくことができ，より合理的な思考があることを理解するようになります。

自分の思考のくせに気づくって，なかなか一人ではできませんよね。

なお，今説明したのは認知へのアプローチ法です。認知行動療法では，認知だけでなく，行動，身体，感情，環境にもアプローチしていきます。
認知行動療法は，世界中で中心的な介入法として使われているんですよ。

ポイント！

介入①

代表的な介入方法

クライアント中心療法

クライアントの話を聞くことに徹し，クライアント自らが問題の解決に取り組めるような環境を整える。

精神分析療法

無意識の中におさえこまれていた記憶が，現在の状況にどんな影響をあたえているのかを分析し，クライアント本人に気づいてもらう。

認知行動療法

行動や考え方を修正していくことで，気持ちを楽にしたり，ストレスをやわらげたりする。

問題を解決するためのさまざまな手法

介入方法は，心理カウセリングや認知行動療法が中心，と。ほかにも介入方法はあるんですか？

はい，たくさんありますよ。
代表的なものをごく簡単にいくつか紹介しておきましょう。まず，5時間目の冒頭で少し登場した**行動療法**です。

はい，パブロフの犬の，ですね。

ええ。行動療法は，行動主義にもとづいて1950年代の終わりから開発が進められた介入法です。
行動療法では，「人混みを異常に怖がる」「暴力を振るう」「ギャンブルにはまる」などの問題行動を，誤った学習の結果，身についてしまったものだと考えます。そのため，クライアントが適応的な行動を学習することを目指します。

どうやって正しい行動を学習するんでしょうか？

たとえば，不安・恐怖反応をおこす刺激にクライアントを長時間さらすことで，**慣れ**によって不安や恐怖の減少をめざします。このような方法を**曝露療法（エクスポージャー）**といいます。

また，クライアントに**リラックスする方法（リラクゼーション）**を習得してもらい，不安が生じたらリラクゼーションで打ち消すことをくりかえしてもらって，その刺激に対する不安・恐怖を克服するような方法もあります。これを**系統的脱感作法**といいます。

不安や恐怖は克服することができるんですね！

そうですね。それが行動療法の目標です。
それから，別の介入方法として，**森田療法**というものもあります。

日本人が考えた方法ですか？

はい。森田療法は，日本の精神科医**森田《もりた》正馬《まさたけ》**（1874～1938）が開発した方法で，不安症や恐怖症などを抱えるクライアントに使われています。
不安や恐怖を抱えるクライアントは，そこに注意が向くと，よりその感覚が強まり，悪循環に陥ってしまいます。そこで，**不安や恐怖の感情をそのまま置いておいてもらい，それまでできなかった日常の作業や行動に少しずつ取り組んでもらう，というのが森田療法です。**

不安や恐怖を，あえて放置しちゃうんですか？

そうです。
不安や恐怖を取り除こうとすると，そこに注意が向いてしまうため，かえって逆効果になります。森田療法では，そのようなことはしません。

そういえば，私も日常で不安なことがあっても，スポーツをしたり遊んだりすると，ずいぶん楽になることがありますね。考えすぎはよくないってことなのかな。

ほかにも，芸術作品を創造することで，心身の健康を回復することを目的とする**芸術療法**や，遊びを通して子どもの心理的な発達を促進する**遊戯療法**など，介入方法には，たくさんの種類があります。
たくさんの介入方法から，クライアントの状態に合わせて選択・実施されるんですよ。

ポイント！

介入②

いろいろな介入方法

行動療法

正しい行動を学習することによって，問題行動を直すことをめざす。

森田療法

患者が抱える不安や恐怖の感情はそのまま置いておき，それまでできなかった日常の作業や行動に少しずつ取り組んでもらう方法。

芸術療法

芸術作品を創造することで心身の回復を目指す。

遊戯療法

遊びを通して子供の心理的な発達を促進する。

社会や集団への介入も必要

ここまでは主にクライアントを対象にした介入方法を紹介してきましたが，クライアントを取りまく**社会**や**集団**に介入をすることもあります。

社会や集団に介入？

そのような介入手法の一つが，**家族療法**です。
個人の心理的な問題や問題行動の原因が，その個人だけでなく，家族にあることは少なくありません。そこで，家族療法では，問題行動をおこした人物の家族関係に介入します。家族全員に合同面接をする場合や，一人一人にはたらきかけを行っていく場合があります。

問題行動をおこした人物だけへの介入だけでは不十分で，家族全体に介入をしないと改善がむずかしい問題もあるんですね。

ええ，そうなんです。**家族療法は，不登校や引きこもり，非行，家庭内暴力，子育て時の悩みなど幅広い問題に対してとられる手法です。**

たしかに，それらはクライアント一人だけの問題ではないですね。

さらに家族をこえて，もっと広い集団を対象としたコミュニティへアプローチすることもあります。

ポイント！

介入③

クライアント（患者）を取りまく社会や集団への介入方法

家族療法

問題行動をおこした人物の家族にアプローチする。

社会には，心の問題を抱えているのに，面接や相談の場に来られない人たちがたくさんいます。そういった人たちを心理的に援助するためには，個人をこえて，地域社会やサークルなどにアプローチしていくことが必要です。
このような考え方を**コミュニティ心理学**といいます。

一気に視野が広まりましたね。

コミュニティ心理学では，コミュニティ全体に向けて，**心理教育**や**啓発活動**等の問題発生の予防とした活動や，組織のしくみの改善をはたらきかけたりするんですね。
学校のスクールカウンセラーはそのような例の一つです。問題を抱えている生徒へのサポートだけでなく，生徒たちへの心理教育，先生への専門的なアドバイスなどにより，学校全体へはたらきかけます。
そのほか，会社でのハラスメント等の問題，犯罪やひきこもり，自殺などの地域・社会の問題など，コミュニティ心理学の対象は多岐にわたります。

周囲の環境を改善することで，その中の人たちの心理的な援助をしようっていう考え方なんですね。

STEP 2

さまざまな心の不調

うつ病や強迫症などの「心の不調」が，近年，社会的にも大きな問題となっています。こうした心の不調とともに，昨今のコロナ禍がもたらす心理的な影響について解説します。

小中学生の6.5%は，発達障害の可能性

ここからは，臨床心理学の対象となる**心の問題**について，具体的に見ていきましょう。
子どもが成長する過程で，学習や人とのかかわり方に困難がともない，問題が生じることがあります。
特定の発達に乱れやかたよりが生じ，社会にうまく適応できない場合，**発達障害**と判断される場合があります。

発達障害って，最近よく聞きます。
どういう状態のことをいうんでしょうか？

脳の発達が限定されていることによる障害です。
発達障害者支援法によると，『「発達障害」とは，自閉症，アスペルガー症候群そのほかの広汎性発達障害，学習障害（LD），注意欠陥・多動性障害（ADHD），そのほかこれに類する脳機能の障害』とされています。

ふむ。

国際的な診断基準では，診断名の見直しが進んでいるところです。本書では発達障害という語を用いますが，現在では，発達障害は**神経発達症**ともよばれています。ほかにも，自閉症，アスペルガー症候群そのほかの広汎性発達障害は**自閉スペクトラム症**に，学習障害は**限局性学習症**に，注意欠陥・多動性障害は，**注意欠如・多動症**と分類されるようになっています。

発達症／発達障害の種類	
知的能力障害	論理的思考，問題解決，計画，抽象《ちゅうしょう》的思考，判断，学校での学習，経験からの学習などの知的能力の発達の遅れ，および自立や社会的責任が果たせないといった適応機能の困難さが見られる。発達期に発症する。
コミュニケーション症／障害	話す，書く，手話などの言語を習得して使うことがむずかしい「言語症／障害」，語音を発することがむずかしい「語音症／障害」，吃音《きつおん》，コミュニケーションをとることがむずかしい「社会的コミュニケーション症／障害」がある。いずれも，症状は発達期早期に見られる。
自閉スペクトラム症／障害	他人と通常の会話のやりとりができなかったり，情動や感情を共有できなかったり，他人に興味をもてなかったりと，コミュニケーション能力に困難さがある。また，常同的な運動が見られる。習慣にかたくなにこだわったり，限られたものに対して強い執着《しゅうちゃく》心をもったり，感覚刺激《しげき》に対して並《なみ》はずれた興味を示したりする。症状は発達早期に見られるが，長らく気づかれない場合もある。
注意欠如・多動症／障害	会話や遊びの最中でも，注意を持続させることができなかったり，作業を順序立てることが困難だったり，必要な物をなくしたり，約束を忘れたりといった不注意の症状が見られる。また，じっとしていられなかったり，自分の順番が待てなかったり，しゃべりすぎたり他人に干渉《かんしょう》したりといった多動性の症状も見られる。
限局性学習症／障害	読字，読解力，綴字《ていじ》，文章を書く能力，数字の概念《がいねん》や計算の習得，数学的推論などの学習能力のアンバランスさが見られる。学習能力の問題が明らかになるのは，学齢期からとなりますが大人になるまではっきりわからないこともある。
運動症／障害	不器用や運動技能の欠陥がみられる「発達性協調運動症／障害」，一見無意味な運動をかり立てられるようにくりかえす「常同運動症／障害」，突発《とっぱつ》的で早いくりかえしの運動（発声）がみられる「チック症／障害」などがある。発症は発達早期（チック症は18歳《さい》以前）に見られる。

ただし，このような発達障害を「病気」としてしまってよいのかという議論もあります。その人のもつ特性や個性として理解することが重要という意見もあるのです。発達障害は，医学的に治療するものではなく，生活しやすいように支援するものだということは確かなことです。

発達障害の原因はわかっているのでしょうか？

実は，くわしいメカニズムはまだ明らかになっていないんですよ。ですが，脳の中枢神経系に，何らかの機能障害があると考えられています。

よび方や分類が変更されたり，今まさに研究がどんどん進んでいるんですね。

そうですね。では，代表的な発達障害について見ていきましょうか。まず，**自閉スペクトラム症**です。
自閉スペクトラム症は，他人とのコミュニケーションがうまくとれなかったり，興味や活動にかたよりがあるのが特徴です。

自閉スペクトラム症
他人とのコミュニケーションがうまくとれなかったり，興味や活動にかたよりがあります。

とくに幼少期は「視線が合いづらい」「呼んでも振り向かないことがある」「感情の表現や理解が苦手である」といった，人とのかかわりに困難さをもちます。

コミュニケーションをとるのが苦手ということですか。

ええ。また，「言葉の発達が遅れる」「オウム返しをする」「言葉を意味通りにとらえてしまう」といった，意思伝達のむずかしさをもつ場合もあります。
「同じ行動をくりかえす」「順序や配置，スケジュールに強いこだわりを見せる」といった特徴も見られます。

自閉症は聞いたことがありますが，こういう症状だったんですね。

つづいて，学習障害ともよばれる**限局性学習症**です。
限局性学習症は，知的な発達には遅れがないにもかかわらず，文章を読むことや書くこと，話すこと，計算することなどのうち，特定の学習が困難な障害です。

限局性学習症
「読む」「書く」「話す」「計算する」などのうち，特定のものが困難です。

学校では苦労しそうですね。

それから，**注意欠如・多動症**には，目の前の課題に意識を集中できず，空想にふけったりする**不注意タイプ**と，落ち着きなく動きまわり，何かあると過剰に反応する**多動性・衝動性タイプ**，そして両方をあわせもったタイプがあります。

注意欠如・多動症
不注意，落ちつきのなさ，衝動性などが，生活や学業に悪影響をおよぼしています。

こうした特徴をもっている人は，自分の現在の行動と，それが完了する状態を結びつけて考える力が弱いんですね。そのため，「注意力がない」「行動が落ち着かない」という状態になると考えられています。
多動性は，成長するにしたがっておさまる傾向があります。

私もよく「注意力不足だ」って，上司に怒られるんですよね……。少しでもこういう症状があると発達障害なんでしょうか？

発達障害の症状については，症状の「ある人」「ない人」というように単純に分けられるものではないと考えられています。つまり，**生活や学習に困難をともなう程度が，グラデーションの状態（スペクトラム）で存在していると考えられているのです。**

コミュニケーションが苦手，計算が苦手，不注意みたいな性質は，程度の差があるだけで，だれもが持っているってことですね。

ええ，そういうことです。
そこで，**近年の診断基準には「適応に困難がある」という項目が設けられているんです。**

それはどういう意味なんでしょうか。

これまでは，発達障害の特性をもっていれば発達障害という診断が下されていたんです。
しかし，**新しい診断基準は，発達障害の特性が日常生活や学習の困難さにつながってはじめて診断がつくという考え方なんです。**

本人もまわりの人もとくに困っていなかったら，発達障害ではないと？

そうなんです。幼少期などは，トラブルなく過ごせることも多いのですが，成長して社会から求められる対応が高度なものになってくると，本人のもっている困難さが表面にあらわれ，診断につながってくるんですね。

発達障害の診断は早ければ3歳前からつくこともありますが，小学校に通うようになって，学習や生活への適応に問題が生じ，小児科を受診したりすることで判明することも多いです。

なかなか家では気づかない場合も多いんでしょうね。

ええ。参加する集団の規模が大きくなってきたり，状況の理解が必要な場面が増えたりすることで本人が対応できなくなり，診断につながります。
小中学生の約6.5％に発達障害の可能性があるという統計結果もあります。

6.5％も!?　40人クラスに発達障害の子が2～3人はいる，ということですか。診断がつくことで，よい方向に向かうといいなぁ。

楽しく学校に通ってほしいですよね。
診断がついた場合，対応は**心理支援**が中心になります。本人のもつ特性が，生活や学習への適応のさまたげにならないようにどう支援していくかが重要になってきます。

先生たちのような，専門家の出番ですね！

障害の度合いにもよりますが，**早期に発達障害であることがわかれば，その子どもに合った環境を整え，必要な訓練を行うことなどにより，支障なく学習や生活ができるよう手助けすることも可能になります。**
たとえば，刺激の少ない環境を整えたり，イラストを使って日常の作業手順を示すといった，個人に合う支援をすることで，症状をおだやかにしたり，社会性をのばしていったりという手助けができるんです。

へぇ～！

また，限局性学習症をもつ人は，幼い時期から，対人関係や学習で失敗をくりかえし，自己評価が低くなりがちなので，心理面でのサポートがとくに重要です。

障害によって，必要とされるサポートが違うんですね。
そういえば最近，**大人の発達障害**というワードをよく聞きます。

そうですね。近年は，大人になって社会に出てはじめて発達障害であることが判明する，大人の発達障害への注目も高まっていますね。ただ，大人の診断は子どもの診断よりもむずかしくなるといわれています。

どうしてでしょう？

それはですね，**発達障害の症状のように思われる特性が，その人が本来もっていたものなのか，過ごしてきた環境の中で形成されたものなのか，区別がつきにくいからなんです。**
たとえば，虐待などの経験は脳の発達に影響をあたえますし，うつ病などほかの精神障害にかかっていることもあります。さらに，幼少期の本人のようすがわからないことも診断をむずかしくします。

なるほど。

ともかく，大人にしろ子どもにしろ，査定（アセスメント）をもとに個人に合った環境を整えたり，訓練したりすることで，日常生活や学習，仕事におけるハードルを取り除くことができます。
より早い段階でまわりの人間が気づくことで，対処が可能になり，個性をのばすこともできるでしょう。

気になることがあったら，まずは専門家に頼ってみるのが一番大事ですね。

若者をとりかこむいじめ，不登校，引きこもり……

青年期の若者の心の問題について考えてみましょう。
社会に出る前の若者にとっては，生活の中心は**学校**であることが多いでしょう。学校生活では，**いじめの問題**が小学校から中学校までの間に多く見られます。

いやだなあ……。

年齢が上がるにつれて，いじめは**身体的な暴力**から，言葉を用いたものや，無視をしたりうわさを流したりといった**心理的ないじめ**になっていく傾向があります。
近年はソーシャルネットワーキングサービス（SNS）を使って匿名で悪口を書きこむなど，いじめは多様化しているといっていいでしょう。
どのようなものであれ，いじめの被害にあった人は，人に会うのがこわくなったり，不眠になったり，時には**心的外傷後ストレス障害（PTSD）**を発症することもあります。
被害者に対しては，心理的なサポートと学校環境などの改善が不可欠です。

スクールカウンセラーさんがいる学校も多いみたいですし，専門家の力をうまく生かしてほしいなぁ。

ええ，その通りですね。

一方で，いじめは「いじめる側」と「いじめられる側」との関係の中で発生するものであることから，**いじめる側へのアプローチ**も必要なんです。
いじめる側には無意識のうちに怒りや不信感，自信のなさを抱えた子どももおり，叱るだけにとどまらない対応が望まれます。

被害者のケアやサポートだけじゃダメなんですね。

ええ。また，いじめをまわりで見ている子どもたちも加害者といえます。彼らにどう**問題意識**をもたせるかも課題となります。家庭や学校が子どもたちの不安をうまく受け入れたり解消したりできる場になっているのか問うことも大切です。

いじめには多方面からのアプローチが必要なんですね。

それから，学校では**不登校**の問題も大きくなっています。不登校は病気や経済的な問題がないにもかかわらず登校しない，または登校したいができない状態であり，欠席日数が年間30日以上になったものとされています。

不登校になる生徒が多い時期ってあるんですか？

不登校になる生徒の割合は小学校よりも中学校で多くなっています。その背景はさまざまで，いじめを原因とするもの，行きたいのに行けず悩む子どももいれば，学校生活全般に興味がもてず通わないことにうしろめたさを感じない子どももいます。

いろんなケースがあるんですね。

中学生は青年期のはじまりでもあり，心身ともにさまざまな変化を経験し，不安定な状態です。無理に登校させようとせず，まずはていねいに見守ることが大切です。

それから，**引きこもり**も問題です。引きこもりは，学校や仕事に行かず，家族以外との交流をほとんどせずに，自宅に6か月以上にわたって居つづける状態をいいます。外出していても対人関係がない場合は引きこもりとみなされます。正確な数はわかっていませんが，日本には**約100万人**いるともいわれます。

100万人!?　そんなに多いとは……。

引きこもりは今，本人とその親の高齢化が問題となっているんです。これは，家族と本人との関係が固定化して，引きこもりを何とかしようという気持ちが小さくなってしまうとともに，親は他人にこの状態をいいづらいことから，外部の介入がむずかしくなるためです。

外部が介入する場合，はじめから本人が出てくることはまずないため，**保護者への支援**がスタート地点となります。

家族への支援は，どんなことをするんですか？

具体的には，保護者に対する**心理面接**や**家族療法**などにより，家族内の交流のパターンの変化や，家族の抱える自責感や疲労感，抑うつ感などの軽減をはかります。まずは，家族関係の調整をはかり，少しずつ外出するのをサポートして生活世界を広げるようにしていきます。

なるほど，家から出て，外の空気を吸うだけで気分が変わることもありますもんね。

本人への支援として，**個人心理療法**のほか，**集団心理療法**，生活している場に訪問して支援する**アウトリーチ活動**などが行われます。
また，家族の孤立を防ぐために，**家族教室**の開催や，**自助グループ**への参加などが，援助体制の一つとして有効と考えられます。

援助の方法はいろいろあるのか……。

さて，ここまでお話ししてきた，いじめや不登校などの問題ですが，最近の研究では，できるだけ，おきたそのときにケアすることが大切だという考えが広まっています。

なぜでしょうか？

こういった問題による**心の傷**が記憶に残り，大人になってからより深刻な精神障害などを引きおこすケースもある，ということがわかったんですね。

大問題じゃないですか！

そうなんです。フィンランドで行われた研究によると，**8歳の時点で心理的な問題があった人は，24歳で自殺または自殺未遂をおこす確率が，8歳のときに問題がなかった人よりも高いことがわかったんですね。**

うわあ……。

また，いじめ被害にあった人はそうでない人より，数年後の精神科での治療や入院が多いという報告もあります。

いじめられなくなっても，心の傷はずっと残るんでしょうか……。

これらのことからは，問題のおこった時期から心の問題を支援することの重要性が見て取れます。
早期に対処することが，将来，重大な事態を招かないために重要であると考えられます。

早期発見と早期の支援や介入が大事なのは，体の病気だけじゃないんですね。

子育てをする母親が抱える心の問題

青年期が終わって社会に出るころになると，人によっては，青年期に並ぶような**大きな変化**を経験することがあります。何だと思います？

えっ……？　なんだろう。

妊娠，**出産**です。子どもを産み，育てることは人生における大きな課題の一つですね。
女性の妊娠・出産についての心理を見ていきましょう。

お願いします！

出産前後の女性は，体が大きく変化する一方で，精神的にも非常に**不安定**になりやすくなります。
約10か月の間に，つわりやさまざまな変調を経験しながら出産へといたり，出産後は体調が万全でないまま，24時間乳児の世話をすることになります。

改めて考えると，**すごいハードスケジュール**ですね……。

また，仕事を休み，家にいる時間が長くなるなど，社会とのかかわり方が大きく変わるため，とくに産後は**孤独感**を抱えやすくなるんです。

育児とか関係なく，急に誰とも会えなくなったら，誰だってさびしい気持ちになりますよ。

以前は，「母親になることが大変なのはあたり前」，という風潮が強く，出産前後の母親のメンタルケアについてはあまり注意が払われてこなかったといえます。
しかし**産後うつ**になる女性は，先進国では10～15パーセントにのぼることが明らかになっています。
これは一般女性がうつになるよりも高い割合なんです。

そんなに!?　お母さんは大変だ……。

また，産後うつ以外にも，**双極性障害（躁うつ病）**や**不安障害**，**統合失調症**などになることもあります。

えっ，母親のメンタルケア，めちゃめちゃ必要じゃないですか！

そうなんですよ。さらに，産前の女性は定期的に健診に通うこともあり，相談相手が見つからないという状況は少ないと考えられるものの，**産前うつ**になる人は，産後うつより多いのではないかと考えられています。

「産前うつ」ってはじめて聞きました。
マタニティーブルーというやつでしょうか？

いえ，マタニティーブルーとよばれる現象は，うつとは区別されているんです。
一般的にマタニティーブルーは，産後数日から1週間の間にあらわれ，不安や緊張感，不眠，食欲不振，わけもなく涙が出るといった症状を示します。

産後におこる症状なんですか！　知らなかったなあ。

突然の変化のため，本人もまわりも動揺するかもしれませんが，たいてい数日で終わり，生活に大きな支障をきたすことはありません。
くわしい理由はわかっていませんが，出産後の**ホルモンバランス**が急激に変化するためともいわれます。

マタニティーブルーは，すぐに終わるものなんですね。

ええ。産前・産後のうつは，マタニティーブルーのような一時的なものではないという点で，大きくことなります。
それから，育児においては，**子どもがかわいく思えないという悩みをもつ人がいることも明らかになっています。**
親と子どものきずなは，基本的にお互いのはたらきかけによって強まっていくと考えられます。
幼児期までの子どもと養育者との間に形成される情緒的な結びつきを**愛着**といいます。

親子のきずなは，おたがいのはたらきかけで強くなっていくんですね。

はい。子どもから養育者にはたらきかける愛着行動は**アタッチメント**とよばれます。親に対してほほえみかけたり，危険を感じると泣いて親をよんだりするものがそれにあたります。

ふむふむ。

一方，親が子どもにもつ愛着は**ボンディング**とよばれます。親が子どもをかわいく思えない状態は，**ボンディング障害**とよばれ，うつとは区別されます。
ボンディング障害があると，親子のきずなを深めることができず，また将来虐待などにつながる可能性もあるんです。

深刻な事態ですね……。

きずなづくりは，親と子どもの**相互作用**によってできあがるものなので，子どもの気質にも左右されることがあります。いつもニコニコしている子どもや，素直にアタッチメントの行動をとらない子ども，気むずかしい子どもなど，子どもの性格はさまざまですから。

親だって，いろんな性格の人がいるでしょうしね。

ええ。互いのはたらきかけがうまくかみ合わなければ，きずなづくりに支障をきたす要因になることもありえます。

親子であっても，コミュニケーションがうまくいかない場合があるのか……。

子育てに不安があっても「生まれれば何とかなる」ともいわれますよね。これは基本的には間違っていませんが，大変さの中身は親子によってさまざまです。
支援が必要かどうかは個別に判断していく必要があるでしょう。

楽な子育てなんてないんでしょうけど，「子どもがかわいく思えない」というのは，中でもとくにつらそうです。
どうにかできないのかなあ。

現在，母親の胸元で新生児と直接肌を触れ合わせる**早期母子接触**が，出産現場で広がっています。
これは，母親の産後うつの防止に効果的であることがわかっています。さらにボンディング障害の予防にも効果があると見られているんですよ。

へぇ～！　でも，どうしてでしょう？

新生児と直接ふれ合うことで，ホルモンの一種である**オキシトシン**が放出されることにより，母親のストレスが低下するためではないかと考えられています。
なお，出生直後の新生児は体調が不安定です。母親も痛みや疲労で注意力が下がっていますので，安全と判断された場合にのみ実施し，またその際は見守りの体制を整えることが大切ですね。

覚えておきます！
まだ見ぬ妻と子どものために！

いい心がけですね〜。
さて，出産後の女性は定期的な診察もなくなり，社会との接点が少なくなりがちです。そのため，精神的な問題が発生しても，見つけることがむずかしくなってしまいます。

産後は，家族以外の人とふれ合う機会はどうしても少なくなりますよね……。

そのため，「出産前からの切れ目のない支援」が重要になるんですね。
現在は，妊娠〜出産から子育てまでに関することをまとめて相談できる**子育て世代包括支援センター**が各地につくられるなど，行政の取り組みが進んでいるんですよ。

おお，公的なサポートがあるのは心強いです！

近年は，母親の置かれる状況も多様化しています。
低出生体重児（出産時に2500グラム未満）の増加や出産年齢の上昇，不妊治療，障害を抱えながらの出産なども増えており，悩みも一様ではありません。
一方で，**核家族化**や**近所づきあいの減少**などにより，相談する相手が身近にいないことも問題になっています。
また，父親の育児参加も増えつつあることから，**父親の産後うつ**についても研究がはじまっているところです。

父親も産後うつになるんですか!?

ええ，なるんです。出産は喜ばしい出来事ですが，精神的に不安定になりやすい時期でもあります。
だれでも産後うつなどになる可能性があることや，精神的な不調が生じても相談できる窓口があることを知っておきましょう。

困ったときに頼れるところがあると知っているだけで，安心感がちがいますよね。

親が心身の健康を保ってこそ子どもの世話もできるわけです。大変なときはまわりの人に頼り，家事代行などのサービスも柔軟に利用したいものです。

うつ病の介入法に取り入れられる，「マインドフルネス」

ここからは精神障害について見ていきます。
精神障害の治療は，精神科医と心理職が協力してあたることが多いです。
まずは，うつ病です。**うつ病は精神障害の中でもとくに身近な病気で，10 ～ 15 人に 1 人は発症すると考えられています。**
うつ病というと，働きざかりの世代に多いイメージがあるかもしれませんが，**子どもからシニア世代まで，ライフステージにおけるさまざまな出来事が，うつ病発症のきっかけになります。**

ええっ！
そんなに多いんですか!?　他人事じゃないですね。
うつ病になると，どうなるんでしょうか？

うつ病になると気分が落ちこみ，悲壮感が心の状態を占め，そこから罪の意識や自分を卑下するようになったり，絶望感や将来への悲観，さらには**自殺願望**などといったネガティブな思考が生まれてしまいます。
そうして，何かをする気力がなくなったり，何にも関心を示さなくなったりもします。

悲観的な思考に支配されるんですね……。
そういえば，さっき説明してもらった**認知行動療法**を使えば，認知や行動を修正することができるんでしたよね？
うつ病の治療には，やはりよく使われるんでしょうか？

はい。
認知行動療法はうつ病の治療でよく用いられます。
しかし，認知行動療法で行うような，自分の認知のゆがみを認めて，それを変えていくという作業は，うつ病患者さんにとって負担となることもあります。

そういうときは，どうすればいいんでしょう？

そこで，最近では**マインドフルネス**という方法を取り入れた，新しい認知行動療法が注目されているんです。

マインドフルネス？

もともとマインドフルネスは，**仏教**や**禅**の流れを受けたもので，**この瞬間に感じている思考や感情をそのまま受け入れて気づくことに気持ちを集中させ，それらを一定の距離を保ってながめられるようにする方法のことです。**

思考や感情を**そのまま受け入れる？**

はい。自分の感情や思考を否定せず，あるがままに受け止めることで，思考の悪循環におちいらずにすむと考えられます。そうして，日常生活を送っていけるように少しずつ行動を変えていきます。
こういう生活をつづけることで，認知のゆがみも自然と解消されていくのです。

あるがままを受け入れる……。
何だかそれだけで気持ちがラクになる気がします。

極度の不安をともなう「不安障害」

次に紹介するのは**不安障害**です。日常生活の中で，不安な気持ちになったり，恐怖を感じたりすることはだれしもあります。**しかし「不安障害」は，生活に支障をきたすほどの強い不安を感じる病気です。**

強い不安？

たとえば，電車に乗ったり，人前に立ったりすると，急激な不安に襲われて，呼吸が苦しくなったり動悸がしたり，失神してしまったりすることがあるんです。これを**パニック発作**といいます。

失神してしまうんですか!?

はい。パニック発作の症状は20〜30分でおさまりますが，死んでしまうのではないかと思うほどの非常に強い不安感を感じます。さらに患者からすると，また発作がおきるんじゃないかと，いつも強い不安にとらわれながら過ごすことになります。これを**予期不安**といいます。

たしかに，そこまで強い不安が生じると，普段の生活にいろいろと支障が出そうです。

また，不安症の中には，ある特定のものに異常な恐怖を感じて，近寄ることすらできなくなる**恐怖症**というものもあります。

まず，**広場恐怖症**は，すぐに逃げだしたり助けを求めたりすることができない人ごみや，エレベーター，乗り物，広場などに不合理な恐れをいだき，避けるようになります。**社交恐怖症**では，他人から注目されたり評価されたり，人前で恥をかいたりすることを極端にこわがるようになります。

広場やエレベーターがこわいなんて，ものすごく大変じゃないですか。

そうですね。症状が慢性化すると，日常生活に支障をきたすことが多くなります。そのため，早めの介入が重要です。

不安障害の対象の例

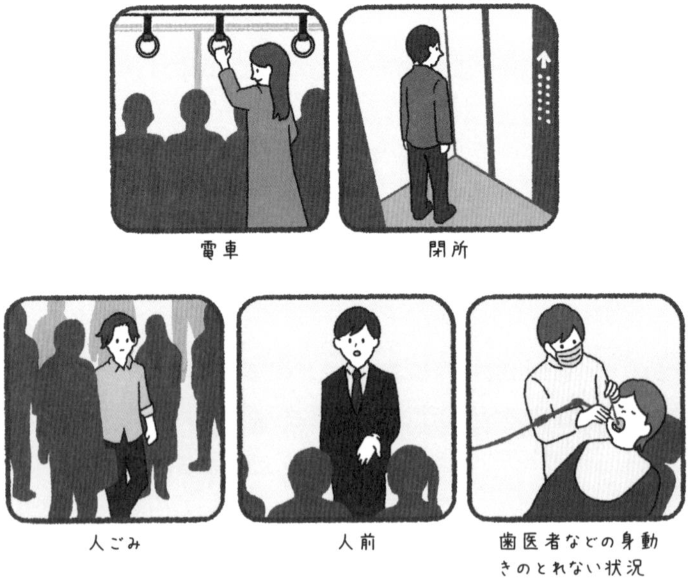

家の鍵をかけたか，何度も確認する「強迫症」

不安障害のほかにも，不安という感情がきっかけとなる病気として，**強迫症**があります。

どういう病気なんですか？

強迫症は，**自分でもおかしいとは思いつつ，不安をおこす強迫観念を打ちはらうために，同じ行為をずっとやりつづけてしまう病気です。**たとえば，何度も手を洗わないと気がすまない**強迫洗浄**，家の鍵をかけたかを何度も確認しないと気がすまない**確認強迫**などです。

強迫症の対象の例

手洗い

左右対称性

物をためこむ

手順や正確性

他人に迷惑をかけていないかと不安になり，確認する

特定の数字へのこだわり

これらの行為をやめさせると，強い不安に襲われることになります。

じゃあ，どうすれば，症状をやわらげることができるんでしょうか？

まず，不安症や強迫症のクライアントの不安や恐怖を取り除くという介入法は有効ではありません。
そこで現在使われている介入法の一つが**森田療法**です。

森田療法！　STEP1で説明してもらった方法ですね。

はい。
不安症や強迫症にかかる人は，どうしても自分に生じている不安や恐怖に注意や関心が向いてしまいがちです。
なので，この不安や恐怖の感情は，ひとまずそのまま置いておいてもらいます。
そして，これらの症状のためにできないと思っていた日常の作業や行動を，無理のない範囲から取り組んでもらうのです。こうすることで，自分の内側にあった不安や恐怖に向けていた注意や関心を，逆に外に向けてもらうようにするというのが森田療法です。

不安や恐怖を，あえてひとまず置いておいてもらうんですね。

ええ。復習になりますが，不安や恐怖を取り除こうとすると，そこに注意が向いてしまい，かえって逆効果になってしまいます。

また，別の介入法として**曝露療法**というものがあります。**これは患者が不安や恐怖を感じる物事に，あえて段階的に，少しずつふれさせるという介入法です。**

エクスポージャー，でしたね。こういう場面で役立つんですね。

はい。不安や恐怖は完全に取り除けるものではなく，自然にそなわっている感情でもあります。そのため，それらの感情に慣れてもらうのです。
クライアントは普段の生活では，不安や恐怖の対象を避けるので，なかなか慣れることができません。そこで，あえてそのような対象にふれてもらうようにうながすのです。

不安や恐怖という感情があっても，それを抱えることに慣れてきて，それまで避けていたものを避けずに生活できるようになります。
ただし！　**周囲の人が無理やり恐怖の対象を近づけるのは逆効果になってしまう危険性が高いです。逆に患者から遠ざけすぎてしまうこともよくない場合があります。**

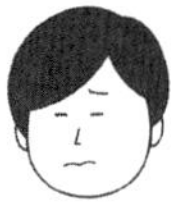

むずかしいものですね。やっぱり専門家に相談するのが大事ということですね。

そうですね。それから，ゆがんだ認知を修正する**認知行動療法**も有効ですよ。

大災害などによって引きおこされるPTSD

戦争や災害，事故などに遭遇した人は，**心的外傷後ストレス障害（PTSD）**を発症してしまうことがあります。

心的外傷……。
心にも傷を負ってしまうのですね。

心に傷を負うことで生じる**心的外傷後ストレス（トラウマ）**に対して症状があらわれてしまう障害です。
患者は，遭遇した出来事が急に頭に浮かんでくる**フラッシュバック**や夢などによって，その出来事をくりかえし体験するようになります。

また，トラウマに関連する物事を避けるようになります。そして感情が鈍くなったり，トラウマを思いおこさせる状況にあうと，**恐怖**や**パニック**をおこしたりします。
これらの症状が4週間以上つづいたときにPTSDと診断されます。

そういえば，東日本大震災のときや，豪雨災害のときにテレビでよくPTSDについて取り上げられていました。

ええ，そうですね。それから，**ベトナム戦争に従軍した退役軍人は，約15%がPTSDと診断されています。**
ただし，もっと身近なところでもPTSDはおきる可能性があります。

身近なところで？

たとえば，職場での**パワハラ**などです。
その場合，加害者と似た人物を見ただけでフラッシュバックをおこすこともあります。

また，**熱傷**によるPTSDも頻繁に見られます。とくに子どもの場合，熱傷をおった1～2年後に何らかのPTSDの症状を示すことが多いようです。

PTSDはどうやって緩和していくんですか？

よく使われる介入法は，**認知行動療法**や**曝露療法**，そして**EMDR（眼球運動による脱感作・再処理法）**です。曝露療法では，トラウマの原因となった物事にあえてさらすことで少しずつ慣れてもらいます。

EMDRというのは？

EMDRは，目を一定のリズムで左右に動かしながら，トラウマ体験をイメージしてもらうという介入法です。比較的シンプルな方法ですが，PTSDに大きな効果があります。
またほかにも，トラウマ体験を表現してもらい，感情をはきだしてもうらう介入法もあります。

自分の中に別の人格があらわれることもある「解離症」

「自分が自分である」という感覚が失われる**解離症**についてもお話ししましょう。

自分が自分であるという感覚が失われる？
具体的にどういう症状が出るんでしょうか？

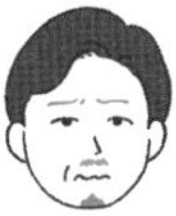

まず，**解離性同一症**では，自分の中に**いくつもの人格**があらわれます。

多重人格ですね。

それから，一般的な知識はあるのに，個人的な記憶が抜け落ちる**解離性健忘**では，たいていの場合，ストレスやショック体験に結びついた記憶が思いだせなくなります。これが解離症の中で最も多いです。

記憶が抜け落ちる。こわいですね。

また，自分自身から離脱したように感じ，現実感を消失する**離人症**が頻発する場合などもあります。
いずれにしても解離症は，**心理的なストレス**や**トラウマ**が関係していると考えられています。
つらい体験による精神的ダメージをさけるために，精神の一部の機能が停止していると説明されることが多いです。

どういう治療が行われるんでしょうか？

この場合も，心理的な介入が重要です。
かつては，精神分析療法がよく用いられていましたが，今のところ，コンセンサスが得られた一つの介入法はなく，さまざまな方法がとられています。
また，治療の際には，家族の協力が欠かせませんので，心理教育等も行われます。

幻覚があらわれたり，妄想を信じこむ「統合失調症」

次は，**統合失調症**です。
統合失調症は，民族や性別などによらず，世界中のどんな地域でもおよそ100人に1人の割合で発症するとされている精神障害です。
10代，20代での発症が最も多く，思春期から成人早期にかけて受けたストレスが発症のきっかけとなる場合が多いと考えられています。

若い人に多いんですね。どういう症状なのですか？

幻覚や妄想，**思考の異常**などが見られます。
支離滅裂な思考をしたり，思考が途中で止まったり，特定の思考がくりかえされたりするんです。
統合失調症の病状の経過は，主に**四つのステージ**に分けられます。

前兆期

発症前に軽い症状があらわれる時期。平均で5年ほどだと考えられている。近年ではこの時期を，「将来，統合失調症になるかはわからないが，何らかの精神障害の発症のリスクが高い状態」ととらえ，ARMS《アームス》（at risk mental state）とよぶこともある。この時期の早期診断が，発症の予防や後の治療に効果的。

↓

急性期

統合失調症を発症し，幻聴や妄想などさまざまな陽性症状があらわれる時期。脳の活動が過剰になることが原因だと考えられている。発症後，数週間から数か月で休息期に移行する。

↓

休息期（消耗期）

脳の活動が低下し，喜怒哀楽がとぼしくなる，抑うつ状態になるなどの陰性症状があらわれ，集中力や記憶力の低下といった認知機能障害が顕在化する時期。治療や休養の効果が出ている場合，数か月から数年で回復期に移行する。

↓

回復期

だんだんと意欲や関心がわいてくる時期。社会生活をとりもどすために，対人関係の訓練や運動といったリハビリテーションを行う。統合失調症は再発の可能性が高いため，この時期でも薬を飲みつづける必要がある。なお，社会復帰するまでの療養生活は10年以上におよぶこともある。

四つの段階について，順に説明しましょう。まず最初のステージが，本格的な発症の前に軽い症状があらわれる**前兆期**です。**眠れなくなったり，イライラしたり，音や光に敏感になったりします。また，幻覚や妄想があらわれる場合もあります。**

前兆期の次は？

前兆期をすぎると，**急性期**をむかえます。
脳の活動が過剰になり，「自分の悪口が聞こえる」といった幻聴や，「だれかに見張られている」といった妄想があらわれます。
ほかにも独り言が増える，脈絡のない会話をする，などの症状があります。

急性期はどれくらいつづくんですか？

数週間から数か月間ほどです。

数か月も幻聴や妄想に悩まされるとは。
つらいですね……。

急性期を過ぎると，一転して脳の活動が低下し，**休息期**をむかえます。
休息期では，「喜怒哀楽がとぼしくなる」「無気力になる」「身だしなみが乱れる」などの症状あらわれます。
また，記憶力や知能の低下も見られます。

急性期とは真逆ですね。これはどれくらいの期間ですか？

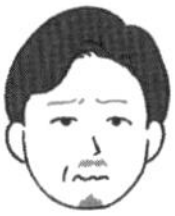

数か月から数年つづきます。ただ，ちょっとしたストレスを受けて，急性期にもどってしまう場合もあります。
でも，この休息期に治療をつづければ，脳の活動が通常にもどっていき，**回復期**をむかえます。
この時期から発症前と同じような生活を目指していきます。
なお，最近は，四つのステージが明確に分かれていない場合も出てきています。その要因として社会環境からのストレスの質が変化したことや早期に薬物療法を開始することが多くなっていることなどが挙げられます。

どのような治療や介入が行われるんですか？

薬物療法と心理学的な介入の両方を並行して行います。
統合失調症は**疑いの病気**ともよばれることがあります。
たとえば，まわりの人がスパイであると疑い，自分の思考をのぞいているのではないかという妄想にとらわれるという症例があります。

スパイに見張られている気持ちなんて，本人はつらいでしょうね。

このような場合，認知行動療法によって，疑いが非合理であることを説明し，少しずつ疑いをはらしていきます。また，治療には家族の協力も必要で，家族への心理教育的なアプローチも行われます。

疑いの病気か……。

統合失調症は，とくに早期発見が重要で，前兆期に診断を受けることができれば，発症を予防したり症状を軽くしたりすることが可能です。

統合失調症に早く気づくにはどうすればよいでしょうか？

本人は自覚できないことが多いです。
そのため，周囲の人がようすがおかしいなと思ったら，心配していることを本人に伝えて，やさしく受診をすすめることが大切です。

相談しやすい環境を整えて自殺を防ぐ

精神障害の中でも，とくに**うつ病**を発症している人は，**自殺**をする人が多いです。
また，**将来**の見通しが立っていなかったり，**孤独**を感じている人や**貧しさ**を感じている人もそうです。
したがって，心理職が心理支援を行う場合には，クライアントの訴えの中にうつ病の症状を示す表現がないか注意しておく必要があります。

もしも自殺の危険を感じたら，どうするんでしょうか？

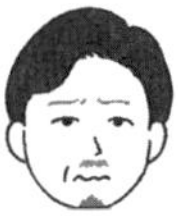

クライアントに自殺の危険を感じたら「次もお話を聞かせてほしい」と次回の面接の**約束**を強調したり，家族や医療機関と連携して必要な生活支援を提供するなどしています。
クライアントの置かれた状況を見ながら，心理支援以外のことでも必要なサポートを危機介入として積極的に行います。こうした対応は，**あなたは一人ではない**というメッセージにもなるんですね。

なるほど。

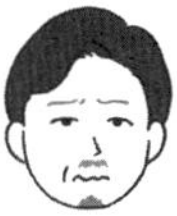

一方で，**自殺者が出た場合は，遺された人たちの心の支援も重要になります。**

周囲の人は自殺の危険に気づきにくく，「あのとき自分が気づいていれば自殺を防げたかもしれないのに，なぜ気づいてあげられなかったんだろう」と自分を責めて，心を病んでしまう人もいます。

遺された人にも大きな心の傷が残るから，心のケアも欠かせないわけですね。

ええ。
自殺をなくすためには，社会全体で取り組むことが大切です。
相談窓口に関する情報を広く発信し，**困ったときに相談しやすい環境を整えることが重要です。**
うつ病をはじめ，精神障害を抱える患者さんは，家族や友達に気をつかい，相談せず一人で悩みを抱えこむことがよくあります。
また，病院は敷居が高いと思う人も多くいます。そのため，**各種電話相談やメール相談など，相談のきっかけとしてアクセスしやすい窓口を広く周知することが重要です。**

そいういう環境を整えることが大事なんですね。

さらに，一人一人がまわりの人たちに関心をもつということも重要です。
気のきいたアドバイスやはげましをしようとしなくても，ただ話を聞いてあげるだけで，悩んでいる人には救いになります。

【おきやすい心の問題】

家庭でおきやすい問題	産後うつ，育児ノイローゼ，家庭内暴力，閉じこもり，介護うつなど
学校でおきやすい問題	いじめ，不登校など
職場でおきやすい問題	パワーハラスメント，過労，セクシュアルハラスメントなど
そのほかの問題	薬物依存，アルコール依存，ゲーム依存，自傷，自殺など

【誰に相談したらいい？】

医療領域	精神科クリニック，心療内科クリニック，精神科専門病院など
保健福祉領域	保健所・保健センター，精神保健福祉センター，児童相談など
教育領域	学校のスクールカウンセラー，大学の学生相談室，保健管理センター，付属相談機関
産業領域	EAP（従業員支援プログラム）専門機関
自殺関連	いのちの電話，いのち支える相談窓口

【臨床心理士に出会うには】

一般社団法人 日本臨床心理士会「臨床心理士に出会うには」	http://www.jsccp.jp/near/

コロナと心理学

最後に，**新型コロナウイルス感染症**（新型コロナ）にかかわる心の問題について見てみましょう。
新型コロナの流行によって，いろいろな社会問題や変化がおきました。

外に出るときは，**マスク**を必ずするようになりましたし，私も**リモートワーク**になって，外出する機会がめっきり減りました。

密閉・密集・密接という**3密**を避ける，できるだけ人と向き合って会話しないといった「新しい生活様式」は，人々の生活に多くの予期せぬ変化となりました。
また，営業自粛に応じないお店を糾弾する**自粛警察**は社会問題にもなり，こういった新型コロナに関連するさまざまな混乱や苦境は総称して**コロナ禍**とよばれています。

コロナ禍は，人の心理にどのような影響をあたえているんでしょうか？

やはり，コロナ禍によって，ストレスを感じている人が増えているようです。
まず，**「家族が感染し，つらい思いをした」**といった，ウイルス感染そのものによるストレス。
次に，**「感染がこわい」**など，実際に感染していなくてもストレスを感じている状況も見られます。

感染して最悪の場合は死ぬ可能性もあると考えると，とてもこわいですね。

また，**「外出自粛によりストレスがたまる」**など，社会のあり方が変化したことによる間接的な影響。
さらに**「コロナで失業した」**とか**「収入が減り，生活が不安」**など経済面での訴えのほか，**「先が見えず，今後どうなるか不安」**といった，見通しの不透明さによるストレスなども挙げられます。

確かに私も，ずーっと家に閉じこもってばかりの生活になって，なんだか刺激がなくなった気がします……。

コロナ禍における心の健康は，世界的に大きな課題となっています。
国連やWHO（世界保健機関）は，新型コロナウイルス感染症によるメンタルヘルス（心の健康）の危機を指摘し，支援の必要を訴えています。コロナ禍による不安，恐怖，死別，隔離，孤立，経済的損失などにより，全世界が精神衛生上の問題に直面するおそれがあり，平常時にくらべて，うつ病の割合が増加したと報告されている国もあるのです。

コロナでうつに？

コロナ禍がもたらすストレスはさまざまなタイプがあり，しかもこれまで経験のないようなことが多いといえます。また，ストレスを受ける期間が非常に長く，かつ終わりが見通せません。**不安やストレスを長い間抱えこんでしまうと，うつ病のリスクが高まってしまうのです。また，不安症や強迫症の増加も懸念されています。**

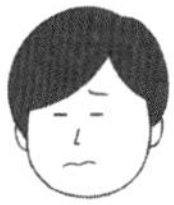

どんなストレスでも，長くつづくと疲れますよね。

地震などの自然災害とちがって，ウイルスは目に見えず，いつでも気になってしまうという点も指摘されています。そのうえ，人と人とのコミュニケーションが制約されるわけですから，これまであまりなかった特殊な状況といえるでしょう。

私のようにリモートワークになった人も多いと思うのですが，リモートワークは，心理学的に見て，どういった特徴があるんでしょうか？

リモートワークはメリットも多いですが，コミュニケーションの問題のほか，「始業や終業がはっきりせず気持ちの切りかえができない」とか「生活リズムが不規則になる」といった点が指摘されています。

そうですね。1日中，人と会話することがないときもあって，なぜだか逆に疲れやすくなった気がします。

自室にこもることで**孤独**を感じたり，以前とちがっていつも在宅しているせいで**家族とのあつれき**もおきやすくなります。
さらに**運動不足**のおそれも無視できません。
こうして心の問題が生じても，まわりが気づかず対応が遅れることも心配されています。

私たちはこのような状況の中で，どうすればいいんでしょうか？

まず，心の健康の基盤となる食事や睡眠といった，**基本的な生活**を整えることが大切でしょう。
また，適度に体を使って**運動**することも重要です。
運動は心の健康にも不可欠ですし，昼間あまり動いていないと夜ぐっすり眠れません。

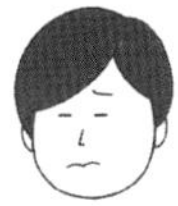

特別なことじゃないんですね。
なんか，ひょうしぬけだなぁ。

あたり前のことが重要なんです。
それでも心が苦しいときは，身近な人に助けを求めるのがよいでしょう。コロナ禍であっても，人とのつながりは必要不可欠です。
オンラインでも電話でもかまわないので，人と何らかのつながりを保つことは心の健康にとって重要です。

なるほど，直接会うのがむずかしくても，人とのつながりを欠いてはいけないんですね。

人とのつながりという意味では，だれかに助けてもらうだけでなく，逆にだれかを助けることもメリットがあります。なぜなら，人を助けるという行為は，助けた人の心にもよい影響をあたえるからです。
また，外出するのがむずかしいので，自宅でもできる小さな楽しみを見つけるなど工夫をしてみましょう。
できないことにこだわりすぎないで，生活の変化を受け入れる余裕も大切です。

心に余裕ですか……。

「リモートワークは大変だけど，かわりにゆっくりと朝食をとれるようになった」などと，問題の見方や発想を変えることもよいですね。
もしも自分ではどうしようもない場合，心理職の心理相談を受けるなど，専門家の力を借りることも有力な選択肢です。

やっぱり，専門家にたよることは大事なんですね！

コロナ禍のような，想定外で大規模な，長くつづく困難の中では，ストレスを感じたり心の問題が生じたりすることは，だれにとってもあたり前のことです。
だから心理職は，いつでも支援の準備をしています。
コロナ禍をきっかけとして，自分や周囲の人の心や体にどのような変化があったのか，一度考えてみてはいかがでしょうか。

はい！

0時間目の心理学の歴史から，心のはたらき方，そして5時間目の心の問題まで，人の心についてたくさんのことを知ることができました。
今，コロナ禍で私たちはさまざまなストレスにさらされていますが，この困難を乗り切るヒントにもなりました。
先生，**どうもありがとうございました！**

索引

E

あ

か

さ

ま

や

ら

ら

索引

主な内容

「生」と「死」の境界線

死ぬとはどういうことか
死にゆく体では何がおきるのか

死へとつながる老化

20代から脳の老化がはじまる
骨がスカスカになる骨粗鬆症

細胞の死と，人の寿命

細胞の死が人の死をもたらす
寿命はなぜ生まれた？

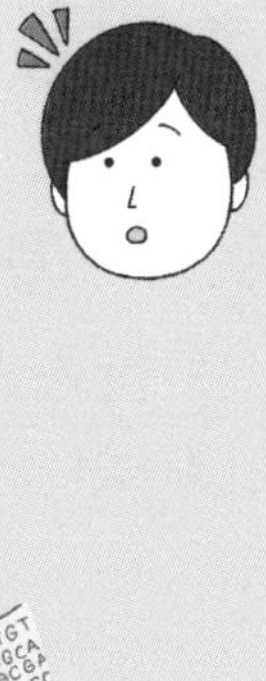

Staff

Editorial Management　木村直之
Editorial Staff　井上達彦，宮川万穂
Cover Design　田久保純子
Writer　内田小秋（アルタープレス），小林直樹

Illustration

表紙カバー　松井久美
表紙　松井久美
生徒と先生　松井久美
4~5　松井久美
5~6　羽田野乃花，松井久美
7~8　羽田野乃花
9　羽田野乃花，松井久美
10～11　羽田野乃花
13～14　松井久美
15　羽田野乃花
16　松井久美
18　羽田野乃花
22　松井久美
25~29　羽田野乃花
31~45　松井久美
46　羽田野乃花
47~53　松井久美
54　羽田野乃花
55~66　松井久美
67　Newton Press
68~88　松井久美
91~100　羽田野乃花
105~110　松井久美
111　羽田野乃花
112~115　松井久美
117　羽田野乃花
118　松井久美
121~125　羽田野乃花
126　松井久美
128　羽田野乃花
130~133　松井久美
135　羽田野乃花
139　松井久美
141~142　羽田野乃花
144　松井久美
145　羽田野乃花
148　松井久美
150~151　羽田野乃花
152~161　松井久美
162~167　羽田野乃花
168　松井久美
171　羽田野乃花
173~190　松井久美
192　羽田野乃花
193~197　松井久美
198~213　羽田野乃花
219　松井久美
221　羽田野乃花
222　松井久美
223　羽田野乃花
231~233　松井久美
236~241　羽田野乃花
242　松井久美
250~255　羽田野乃花
256~262　松井久美
265　羽田野乃花
267~269　松井久美
272~275　羽田野乃花
276~277　松井久美
279　羽田野乃花
281~301　松井久美
302~303　羽田野乃花

監修（敬称略）：
下山晴彦（東京大学大学院教授）

協力（敬称略）：
宮川 純（河合塾KALS）

東京大学の先生伝授
文系のための めっちゃやさしい
心理学

2021年11月25日発行

発行人　高森康雄
編集人　木村直之
発行所　株式会社 ニュートンプレス　〒112-0012 東京都文京区大塚3-11-6
https://www.newtonpress.co.jp/

ISBN978-4-315-52472-7